O JORNAL DE ONTEM

Henrique Nicolini

O JORNAL DE ONTEM

Henrique Nicolini

editora

O Jornal de Ontem
Copyright © 2006 by Henrique Nicolini

Rua Treze de Maio, 598
CEP: 01327-000
Bela Vista – São Paulo – SP
Tel/fax.: (11) 31411033
Site: www.phorte.com
E-mail: phorte@terra.com.br

Produção e Supervisão Editorial: **Fábio Mazzonetto**
Gerente Editorial: **Sérgio Roberto Ferreira Batista**
Gerente de Arte: **Fabio dos Santos**
Projeto Gráfico e Editoração Eletrônica: **Vinícius Mazzonetto**
Capa: **Márcio Maia**
Impressão: **Prol**

Nenhuma parte deste livro pode ser reproduzida ou transmitida de qualquer forma ou por quaisquer meios eletrônico, mecânico, fotocopiado, gravado ou outro, sem autorização prévia por escrito da Ph Editora Ltda.

Este livro foi catalogado no SNEL

ISBN: 85-7655-078-4

Impresso no Brasil – Printed in Brazil

À Lillian,

minha esposa. Participou comigo desta trajetória entre o ontem e o hoje.

O AUTOR

- Henrique Nicolini começou no jornalismo como encarregado da área de imprensa da Federação Paulista de Natação, em 1945
- Ingressou nas Folhas em 16 de março de 1946 como repórter de setor, cobrindo a área dos esportes aquáticos
- Passou para A Gazeta Esportiva em 10 de outubro de 1947, quando este jornal tornou-se diário
- Formado pela Escola Superior de Educação Física, hoje integrada à USP
- Graduado em Filosofia pela Faculdade de Filosofia, Ciências e Letras da Universidade de São Paulo.
- Ex-presidente da Associação dos Antigos Alunos da Faculdade de Filosofia da USP
- Professor do ensino médio oficial do Estado de São Paulo de 1948 a 1983
- Diretor presidente de Comunicações Nicolini, de 1978 a 1991
- Presidente da Federação Paulista de Natação, nas gestões 1960/1964 e 1989/1992
- Fundador do Panathlon Club São Paulo (1974)
- Vice-presidente do Panathlon Internacional de 1992 a 1996
- Possui a Ordem Nacional do Mérito Esportivo, conferida pelo presidente da República
- Possui a Medalha Anchieta – Gratidão da Cidade de São Paulo, conferida pela Câmara Municipal
- Prêmio "Clio" de História, concedido pela Academia Paulistana de História

Obras Publicadas
- Tietê - o Rio do Esporte (2001)
- O evento esportivo como objeto de marketing (2005)

PREFÁCIO

A minha intensa vida profissional e as mais variadas atribuições que venho tendo ao longo da existência não impediram que eu pudesse me dedicar, por muitos anos, às atividades no setor esportivo, dirigente que fui por 20 anos do São Paulo Futebol Clube.

Nesse período, de 1952 a 1972, pude acompanhar, de perto, o cenário esportivo de nosso Estado, além de me dedicar, obviamente, à construção de um estádio e à atividade essencial de um clube de futebol.

A Gazeta Esportiva, que alguém já designou como o "Diário Oficial do Esporte", foi um repositório de tudo o que acontecia no setor. Acompanhava, incentivava, noticiava todas as iniciativas de qualquer modalidade esportiva.

E não há quem, militante no esporte, dirigente ou praticante, possa desconhecer o papel que o fantástico jornal realizou. A enumeração seria praticamente interminável.

Julgo interessante relatar um fato acontecido em 1952, início da construção do Estádio Cícero Pompeu de Toledo:

"Àquela altura, havia natural descrença sobre a possibilidade do clube levar adiante a obra, em razão das conhecidas limitações financeiras.

Certo dia, recebemos a visita da direção da Gazeta Esportiva, capitaneada pelo saudoso Carlos Joel Nelli, com a seguinte mensagem: *A Gazeta Esportiva acredita neste empreendimento.*

Decorrido algum tempo, foi a vez do São Paulo Futebol Clube, por sua Diretoria, visitar o início das obras do prédio da Gazeta na Avenida Paulista, levando, também, a sua mensagem: *O São Paulo Futebol Clube acredita neste empreendimento porque acredita na Gazeta.*

Ambas as mensagens se justificaram".

Devo ressaltar, também, o que representou para a cultura de São Paulo e, principalmente, ao setor esportivo, o seleto grupo de jornalistas que passaram pelo jornal ou foram formados por ele. Muitos até hoje pontificam na crônica esportiva da Cidade.

E a São Silvestre? Ela fala de perto à afetividade da gente de São Paulo e ao calendário esportivo do mundo, tal a sua projeção internacional.

Henrique Nicolini, que dedicou tantos anos ao jornal, tem autoridade para falar sobre ele. Professor, cronista, dirigente de entidades, escritor, dedicou a sua bela trajetória de vida às coisas do esporte. Ele próprio é um capítulo da história da Gazeta Esportiva.

Vamos ler com atenção o que escreveu essa grande figura do esporte. E aprender um pouco mais com quem fala de cátedra sobre o assunto.

Laudo Natel
- Ex-Governador do Estado de São Paulo
- Ex-Presidente do São Paulo F. C.
- Líder da Construção do Estádio do Morumbi

SUMÁRIO

O AUTOR		VI
PREFÁCIO		VII
INTRODUÇÃO		1

PARTE I

HÁ SEIS DÉCADAS   3

Capítulo I	QUANDO DUTRA ERA PRESIDENTE	5
Capítulo II	A ÉPOCA DOS CASARÕES	9
Capítulo III	O HOTELZINHO NA LAPA	15
Capítulo IV	HOTÉIS DE QUATRO E CINCO ESTRELAS	21
Capítulo V	A BRONCA DO AMADEU	25
Capítulo VI	CARNAVAL "PRA FRENTE"	29
Capítulo VII	JORNALEIRO, A VOZ EMUDECIDA!	33
Capítulo VIII	É COMO A GENTE TER UM FILHO!	39
Capítulo IX	NO TEMPO DA LINOTIPO	43
Capítulo X	O SEGREDO QUE OS ALEMÃES PERDERAM	49
Capítulo XI	SAUDADES DA "ROLLEIFLEX"	53
Capítulo XII	O "TREM DAS ONZE"	57
Capítulo XIII	COBERTURA EXTERNA COM TECNOLOGIA TUPINIQUIM	63
Capítulo XIV	UM BAURU NO PONTO CHIC!	67
Capítulo XV	BURGO DOS JORNALISTAS	71
Capítulo XVI	A CHEGADA DA TV	75
Capítulo XVII	OS CRAQUES DO MICROFONE	79
Capítulo XVIII	DOS ESTÚDIOS PARA OS ESTÁDIOS	83
Capítulo XIX	OS GOZADORES FAMOSOS	87
Capítulo XX	O JOELHO DO RENAN	91

PARTE II

A CASA DE CASPER LÍBERO — 93

Capítulo XXI	UM JORNAL DE ESPORTES TODOS OS DIAS	95
Capítulo XXII	NA LINHA DO VENTO	99
Capítulo XXIII	NÓS TRABALHAMOS PELO ESPORTE DO BRASIL	105
Capítulo XXIV	INVADINDO BUENOS AIRES	109
Capítulo XXV	A CASA DO MAGISTRADO!	115
Capítulo XXVI	ULTRAPASSANDO A NOTÍCIA	119
Capítulo XXVII	HISTÓRIAS DA SÃO SILVESTRE!	123
Capítulo XXVIII	RECORDAÇÕES DO ROOF	127
Capítulo XXIX	CARLOS JOEL NELLI, UM INJUSTIÇADO	131
Capítulo XXX	O JORNAL E A PROMOÇÃO	135
Capítulo XXXI	SAIBA QUEM FOI THOMAZ	141
Capítulo XXXII	OS VIPS DA CRÔNICA ESPORTIVA	145
Capítulo XXXIII	O APITO FINAL	151

PARTE III

O ONTEM E O HOJE — 155

Capítulo XXXIV	O ONTEM E O HOJE	157
Capítulo XXXV	O HOJE MELHOR QUE O ONTEM	159
Capítulo XXXVI	DERRUBANDO A BASTILHA DE PRIVILÉGIO	163
Capítulo XXXVII	O PRECONCEITO CONTRA A BOA NOTÍCIA	165
Capítulo XXXVIII	PARA VOCÊS, NUNCA NASCE UMA FLOR?	169
Capítulo XXIX	OS "CHAPA PRETA"	171
Capítulo XL	O LAMENTÁVEL COMPROMISSO COM O "MARKETING"	173

INTRODUÇÃO

Quando completa sessenta anos de atividade ininterrupta na imprensa, um jornalista sente a imposição de deixar para os que o sucedem, no eterno revezamento de gerações, narrativas de experiências vividas em seis décadas de convívio com as redações.

Há muito que contar desde o tempo em que um principiante contemplava embevecido seus primeiros escritos transformados em letra de forma até os dias presentes, quando a notícia é difundida pela internet. Esta forma de comunicação era algo inimaginável no dia em que sua carteira de trabalho recebia o registro de profissional de imprensa. Histórias do tempo em que o computador não havia sido ainda inventado e Bill Gates não havia nascido merecem ser divulgadas para todos os que nasceram posteriormente.

Decorridas algumas décadas, os fatos do dia-a-dia, óbvios para os contemporâneos, tornam-se objeto de curiosidade para os que não os viveram. O comum neste caso torna-se histórico.

É por esta razão que o autor se sente na obrigação de transmitir aos jovens jornalistas, aos candidatos a esta empolgante carreira e ao público em geral, informes de como se fazia um jornal na fase da pré-tecnologia, quando era a linotipo que ditava as regras da impressão e a comunicação não contava com o laptop. Todos tinham de conviver com uma claudicante rede telefônica, cuja lentidão dependia do humor da telefonista. Era um momento em que o sistema viário era constituído por estradas poeirentas e os próprios automóveis não eram tão confiáveis quanto os de hoje.

O autor pretende com este livro, igualmente, dar uma contribuição a quem, um dia, se propuser a escrever uma história completa do jornalismo brasileiro no século XX. Alerta, porém, que sua experiência não engloba todo o universo da sala de imprensa da época, mas especificamente os veículos do Grupo Folhas e os da Fundação Cásper Líbero, com os quais teve vínculos profissionais mais estreitos. Naturalmente a crônica esportiva, à qual se dedicou durante todo o período, assume o primeiro plano, justificando a maior participação neste espaço editorial.

A preocupação desta publicação é também transmitir a atmosfera vivida nos primeiros anos da carreira do autor, comparando-a, nos últimos capítulos, com a forma em que atualmente se encara a notícia. Vai resultar deste confronto um diferencial, uma posição pessoal um pouco discordante de alguns procedimentos comuns nos dias de hoje, quando o aplauso foi quase que abolido da informação.

À medida que, passado mais de meio século, as gerações de jornalistas vão sendo renovadas, perde-se um pouco da história antiga. O culto ao passado é desfeito pela compreensível sofreguidão com que se busca o futuro e a modernidade. Com ela, porém, se vão as vivências de como era composto e distribuído o jornal impresso com papel importado, na época, do Canadá ou da Finlândia. A história da época é corroída implacavelmente ao espocar de cada champanha que comemora o advento de um ano novo.

Este livro, de um tempo em que o míssil não havia substituído a baioneta, tem como autor o funcionário mais antigo da Fundação Cásper Líbero ainda em atividade. Como diz o título, ele é uma avaliação de como era "O Jornal de Ontem".

PARTE I

HÁ SEIS DÉCADAS

Capítulo I

QUANDO DUTRA ERA PRESIDENTE

Para que se possa atender à proposta deste livro, que é focalizar aspectos da atmosfera da vida das redações, é preciso fixar um marco cronológico referencial, o marco zero da estrada, cuja narrativa vai ser percorrida. Deve-se registrar cada momento, como as placas que nas rodovias indicam os quilômetros rodados.

A dualidade do "ontem" e do "hoje" estará sempre presente na inevitável comparação entre épocas, pois é fundamental indicar quando era o "ontem" e, especificamente, mostrar onde está o marco zero de um caminho de vivências que desejamos compartilhar com o leitor, angariando companheiros para uma viagem cujo roteiro o tempo teima em apagar.

Neste registro, é necessário levar em conta que o "ontem" é um dado individual, vinculado à idade cronológica de cada um. Nossa proposta é se convencionar o tempo em que o autor, um debutante, viu impressa a sua primeira matéria. O momento em que ele se tornou um partícipe mais intenso da vida esportiva de uma cidade que hoje está entre as cinco maiores do mundo.

Neste contexto, ganha importância na narrativa a vivência pessoal, a fonte primária, como dizem os historiadores, pois as compilações ou as referências bibliográficas estariam desprovidas de conteúdo existencial. Não vem ao caso contar histórias que falem do papiro ou de Gutemberg, ou pescadas no computador ou na enciclopédia.

O "ontem" personalizado a que nos referimos teve, no caso presente, dia e hora para começar. Esta data foi o tiro de partida de uma corrida cujo participante ainda não cruzou a linha de chegada, uma vez que ainda está na ativa. Ela ocorreu no dia 16 de março de 1946, quando foi escrita a sua primeira notícia nas "Folhas". Naqueles dias, o Brasil havia há pouco retornado ao regime democrático após um longo período ditatorial de Getúlio Vargas . Voltava a respirar o ar da democracia sob a presidência do general Eurico Gaspar Dutra, eleito pelo voto popular. Dez meses antes, os nossos "pracinhas" haviam retornado como heróis da Itália, desembarcando em solo pátrio depois de terem combatido na Segunda Guerra Mundial. O país, decorridos anos difíceis, apresentava-se como uma nação sequiosa por mudanças, embalada pelo nacionalismo e lutando pela industrialização e pela recuperação do tempo perdido com a guerra.

Após ter exercido em 1945 a função de assessor de imprensa da Federação Paulista de Natação, algumas semanas antes de completar vinte anos de idade, o jovem jornalista está picando, pela primeira vez, o cartão de ponto de um grupo jornalístico de grande prestígio como as "Folhas" e começando a armazenar as experiências que serviram de material para este livro.

O convite para integrar o empolgante universo da imprensa partiu do professor Alaor Pacheco Ribeiro, chefe da seção de esportes da Folha da Noite e titular da cadeira de natação na Escola Superior de Educação Física de São Paulo. Os "press-releases" da FPN, escritos pelo seu aluno do primeiro ano daquela faculdade e enviados aos principais veículos de comunicação, corresponderam ao teste de admissão daquele jovem à redação da Folha da Tarde.

A partir da época daquela estréia em 1946, o jornalismo mudou muito, principalmente pelas vicissitudes políticas e sócio-econômicas que aconteciam em nosso país a cada decênio. Tanto a imprensa em geral quanto a esportiva passaram também por transformações resultantes do posicionamento ideológico e profissional das tripulações que, de tempos em tempos, assumiam o comando da nau da comunicação, ou seja, a chefia das redações. Apareceram nesse período novas rotas, resultantes de concepções filosóficas e outras atitudes éticas oriundas de abordagens sociais predominantes. Igualmente, a cada mudança de capitão, os mesmos temas são reciclados de acordo com suas convicções e personalidade, em um perpétuo suceder de inovações criadoras, implementadas num permanente revezamento. O bastão da história é passado de uma geração a outra, cada qual com uma nova interpretação.

Ninguém começa do zero! Entre o nosso "ontem" personalizado e o "hoje" do terceiro milênio, muita coisa aconteceu. O Brasil cresceu, povoou-se, industrializou-se, ganhou cinco Copas do Mundo. Viu, igualmente, surgir o vício, a droga, a violência, o crime e tantas mazelas. O jornalismo progrediu em tecnologia, na diversificação de veículos, na velocidade da informação, no número de títulos e de exemplares impressos. Seria digno de grande comemoração se, ao lado da tecnologia, houvesse também se desenvolvido um claro desejo de melhorar o nosso país por meio do jornalismo, de aumentar a auto-estima de nossa nação.

Capítulo II

A ÉPOCA DOS CASARÕES

Há seis décadas, a maioria dos jornais estava instalada em velhos casarões, relíquias arquitetônicas construídas no decurso do século XIX. Na São Paulo imperial, pouca coisa de muito importante, além de algumas fábricas do Brás e de pequenas igrejas, ficava fora do núcleo central da cidade, hoje chamado de centro histórico.

O edifício em que funcionavam as "Folhas" era um exemplo típico. Sua redação, administração e oficinas, nos anos quarenta, localizavam-se à Rua do Carmo, duas casas mais adiante do palacete que fora propriedade da Marquesa de Santos e onde, posterior e sucessivamente, se localizaram a sede da Central de Polícia e a Companhia de Gás.

Aquela rua foi uma das mais nobres da São Paulo pré-republicana, onde residiam famílias abastadas. Provavelmente, aquela seqüência de imponentes sobrados tinha sido construída com os primeiros tostões que a exportação do café começava a trazer para a cidade. Era o reduto da burguesia agrária e política, antes que o fluxo crescente de capitais levasse à construção das mansões dos Campos Elíseos, posteriormente, da Avenida Paulista, e finalmente, do Morumbi, bem mais distantes do marco zero da cidade.

Naquele imóvel de três andares, edificado muito antes da virada do século XX, funcionavam as Folhas: a Folha da Manhã e a Folha da Noite (com duas edições), veículos de comunicação de propriedade de Otaviano Alves de Lima desde 1931. Em 1946, os dois importantes órgãos da imprensa acabavam de ser adquiridos por José Nabantino Ramos e Clovis Quiroga, empresários que os venderiam, anos mais tarde, para a dupla Otávio Frias de Oliveira e Carlos Caldeira Filho.

A título de história, convém recordar que as Folhas começaram com a Folha da Noite, em 1922, um vespertino instalado à Rua Boa Vista, em duas salas do edifício que também abrigava um teatro com o mesmo nome daquela via pública, bem perto do Largo São Bento. A Folha da Manhã foi lançada posteriormente, em 1925.

A redação em que trabalhamos, em 1946, à Rua do Carmo, localizava-se no segundo andar e era atingida através de uma escada de madeira que rangia discretamente, anunciando com aquele som típico a chegada de cada funcionário ou visitante. No final de dois lances e de muitos degraus ficava a "portaria", comandada por um mulato muito simpático e sorridente, "Seu" Marcolino. Ele possuía um "feeling" que substituía toda a burocracia informatizada, hoje utilizada na identificação de quem vai à redação de um jornal. Ele dispensava o preenchimento de fichas e a própria necessidade de se enfrentar seguranças que nos dias atuais "recepcionam" candidatos a falar com algum editor.

Dois salões justapostos integravam a parte social daquele imóvel histórico. Eles foram transformados em redação, um ocupado pela Folha da Manhã e o outro pela Folha da Noite. Uma separação de madeira e vidro opaco era o divisor de espaços e de filosofias entre ambos os veículos.

As oficinas, como não podia deixar de ser, localizavam-se no andar térreo, em grande promiscuidade com a própria Rua do Carmo. As Folhas não tinham nenhum acanhamento em mostrar as rotativas trabalhando, suas intimidades operativas, levantando para quem quisesse ver as vestes representadas por um par de portas de aço. Pelas circunstâncias, não havia condições de evitá-lo. É verdade que esta exposição de entranhas em pleno local público ocorria depois das 22 horas, quando a Rua do Carmo já estava deserta e silente. Os transeuntes de retorno a seus lares estavam pouco interessados em bisbilhotar aquela rotativa Goss, vomitando exemplares do jornal do dia seguinte. A família Chiorino, da qual proveio o amigo Aroldo Chiorino (mais tarde presidente da Associação dos Cronistas Esportivos do Estado de São Paulo- ACEESP), participava daquele desenrolar de bobinas, ao ritmo compassado das impressoras que nunca produziam mais de 15 mil exemplares por hora.

A "Praça de Alimentação" era representada por um bar pouco sortido, localizado debaixo da decantada escada que subia para a redação. Café preto e sanduíche de mortadela eram os mais escolhidos no "cardápio" de ofertas pobremente diferenciadas daquele antônimo radical do "Maxim´s" de Paris. Tudo na época era simples, espartano mesmo. O panorama das "Folhas" não diferia muito do de outros jornais.

O Correio Paulistano localizava-se em um imóvel da Rua Líbero Badaró, no quarteirão que fica entre o Largo São Bento e a Avenida São João. Politicamente, era o órgão do Partido Republicano, o PR, mas tinha uma excelente redação de esportes, na qual pontificava Salatiel Campos. Esse jornal teve uma presença fundamental em nossa imprensa como porta-voz de uma ideologia política.

A Gazeta, que havia funcionado até o início dos anos 40 no mesmo quarteirão do Correio Paulistano, já se mudara para um prédio moderníssimo à Rua Conceição (mais tarde Avenida Cásper Líbero). Cásper Líbero, seu proprietário desde 1918, havia vencido uma ação indenizatória contra o governo em questão, defendida pelo advogado Sílvio Margarido. O jornal tinha sido "empastelado" na Revolução de 1930. Outros órgãos da imprensa de oposição também haviam recebido a mesma agressão antidemocrática proveniente das forças que assumiram o comando do país no "golpe" ocorrido naquele mesmo ano. Com o dinheiro da indenização fora construído o edifício considerado suntuoso para a época, próximo à Igreja Santa Ifigênia. Os órgãos da Fundação Cásper Líbero permaneceram naquele endereço até 1968, ocasião em que se transferiram para a Avenida Paulista.

No "ontem" de 1946, o conceituado O Estado de São Paulo localizava-se na Rua Boa Vista. Na Rua Barão de Duprat estavam então as suas oficinas. Essa rua ficava bem próxima ao Mercado Novo, inaugurado em 1933. Mais tarde, esse prestigioso veículo mudou-se para a esquina da Rua Consolação com a Major Quedinho, até que a viabilidade da distribuição de um jornal daquele porte, decano da imprensa, exigisse a transferência para uma área fora do centro da cidade. Suas atuais instalações estão nas marginais do Rio Tietê.

O Diário Popular, nos anos quarenta, tinha sua redação também nas bandas da Rua do Carmo. Quando o "Estadão" foi para as marginais, este veículo aproveitou o espaço que se tornava disponível, bem apropriado à sua expansão. Atualmente este veículo tem o nome de Diário de São Paulo e pertence ao grupo fundado por Roberto Marinho.

As Folhas, quando compradas pela dupla Frias-Caldeira, despediram-se da Rua do Carmo de tantas lembranças e foram para a Alameda Barão de Limeira, onde ainda se encontram.

O Diário de São Paulo e o Diário da Noite, jornais históricos de propriedade de Assis Chateaubriand, funcionavam, no final dos anos 40, à Rua 7 de Abril. Foram eles importantes órgãos de imprensa até o momento em que a morte do cacique pôs fim a um império de comunicações que se expandia por todo o país. Os Diários foram um celeiro de bons jornalistas, homens de letras que se projetaram na política e no esporte.

No ano de 1952, Samuel Wainer fundou a Última Hora em São Paulo. Sua redação e oficinas ficavam no vale do Anhangabaú. Ela já não se enquadrava mais na atmosfera tradicional do período dos casarões. Viveu como um órgão de estreitos vínculos com o renascido getulismo e o trabalhismo. Foi, posteriormente, integrada ao "holding" dos Frias e Caldeira, até desaparecer por falta de fôlego duas décadas após sua fundação, em 1971.

Partindo-se dos casarões da Rua do Carmo até as majestosas construções do Estadão, passando-se pelo complexo industrial da Editora Abril e do edifício da Fundação Cásper Líbero na Avenida Paulista, percebe-se o quanto progrediu, em termos de espaço físico e mesmo arquitetonicamente, a imprensa de nossa cidade. São Paulo cresceu, ficou mais rica pela expansão da indústria, do comércio e da agricultura. O status obtido foi a conseqüência do dinheiro que passou, a partir dos anos cinqüenta, pelos balcões da publicidade. Os recursos decorrentes dessa expansão converteram-se em cimento armado e em máquinas modernas. Sem dúvida, operou-se uma grande transformação em direção ao luxo, à arquitetura e à eficiência tecnológica.

O importante numa avaliação crítica do "hoje" é verificarmos se os confortos do ar condicionado, do carpete e do vidro "fumê" tiveram uma efetiva correspondência no desejo de melhorar o país, abstendo-se da crítica fácil e assumindo a responsabilidade de todos os envolvidos com o processo da comunicação apontarem sempre os melhores caminhos a seguir, em uma atitude construtiva, indispensável à atividade editorial.

Capítulo III

O HOTELZINHO NA LAPA

Ao longo deste livro, o leitor vai notar a constância de referência às medidas de austeridade dos departamentos financeiros para com as demais áreas da estrutura de um jornal que acarretam despesas operacionais, principalmente as da redação e do departamento fotográfico.

É fácil compreender a insistência dos executivos responsáveis pelo equilíbrio orçamentário de um veículo de comunicação, se verificarmos as condições da economia brasileira há meio século. Nosso desenvolvimento como nação industrial ainda nem havia se iniciado. Era uma época em que as compras domésticas do dia-a-dia eram feitas com a clássica caderneta na venda da esquina e não no super ou hipermercado. A vida brasileira tendia muito mais para o espartano do que para o sofisticado. A indústria automobilística não havia ainda nascido e a palavra "marketing" era desconhecida dos veículos de comunicação e dos meios de publicidade. O aporte financeiro às tesourarias dos jornais acompanhava a simplicidade de um país que não deslanchara para a conquista de arrecadação advinda das lojas de departamentos, dos lançamentos imobiliários, do setor automotivo, do agro-negócio, dos bens de consumo. Os proprietários dos órgãos de comunicação enfrentavam um sufoco para amealhar os recursos provenientes principalmente dos classificados nos dias de compra de papel canadense ou finlandês e para cobrir a folha de pagamento com vencimento quinzenal.

Este fato se refletia, de maneira óbvia, na verba restrita de todos os jornais para a cobertura de um evento de grande magnitude ou uma importante reportagem externa. Um exemplo do que afirmamos serve de modelo e não difere da experiência de outros colegas que vivenciaram a "dureza" de, praticamente, todos os profissionais de jornalismo da época.

Uma semana após ter entrado nas "Folhas", o primeiro emprego, veio a designação para a cobertura do Campeonato Sulamericano de Natação, Saltos Ornamentais e Pólo Aquático, que se realizava na segunda quinzena de março de 1946, no Rio de Janeiro. Nossa foquice no cumprimento da missão juntava-se à de Antonio Pirozelli, um amigo egresso da função de auxiliar da gravura, que assumia o seu primeiro serviço externo como fotógrafo de um departamento que era chefiado por Sérgio Lin. Mais tarde ele tornou-se referência no universo da reportagem fotográfica.

O embarque ocorreu na Estação do Norte, em um trem da Central do Brasil, Esta ferrovia era famosa pelos maus serviços, pelos atrasos e por freqüentes acidentes com vítimas. Nesta altura, é bom abrir um parêntese para contar que o avião era um transporte para uma minoria de privilegiados. A grande maioria e até os políticos serviam-se, mesmo, do trem. Ainda bem que a nossa passagem era de primeira classe.

Outro fato interessante para ser lembrado é que os repórteres setoristas costumavam fazer plantão naqueles tempos na Estação do Norte, hoje Estação Roosevelt. Eles ali aguardavam a chegada do noturno, que vinha do Rio de Janeiro e procuravam colher informações junto às personalidades públicas que iam para ou vinham da "Cidade Maravilhosa", na época em que ela era a capital da República. Em cada trem sempre chegava uma novidade para alimentar o noticiário de uma imprensa muitas vezes paupérrima em fatos relevantes. Hoje, estes plantonistas muda-

Na plataforma dos 10 metros da piscina do C.R. Guanabara, a primeira entrevista. Quem fala ao repórter debutante é Edith Groba, campeã sul-americana. Ao fundo, o morro antes da chegada das favelas.

ram de endereço e fazem ponto nos aeroportos e outros locais freqüentados por quem tem a informação. Na Roosevelt só estão os sofridos passageiros dos subúrbios.

Comprovando a má fama da Central do Brasil, nossa viagem alongou-se das doze monótonas horas previstas para vinte e quatro. Somente em Engenheiro Passos passamos oito horas ampliando o nosso conhecimento turístico que principiou pelas vielas dos arredores da estação daquela cidade fluminense.

O dinheiro à nossa disposição era, de acordo com a regra, curtíssimo. Nós, como a maioria dos profissionais de outros jornais em missão no Rio de Janeiro, hospedávamo-nos na Lapa, na Avenida Mem de Sá, além dos Arcos. Os hotéis mais freqüentados pela turma da imprensa de São Paulo eram o Mem de Sá e o Vera Cruz, os poucos que a nossa diária comportava. A boemia da região não era razão de rejeição. Era normalmente aceita pela classe jornalística. Quem, naquela altura, não era um pouco boêmio? Até que curtíamos com prazer as andanças de madrugada por aquelas ruas, endereço do pecado, após o dever profissional cumprido e o noticiário do dia já ter chegado ao destino. Em um passo pouco apressado contemplávamos as damas que não faziam da virtude a sua melhor qualidade. Estavam elas vigilantes na cotidiana busca de eventual parceria.

O transporte para o local da competição era muito caro para o orçamento reduzido. Carro de reportagem era um sonho não ainda pensável em coberturas externas. O bonde e o ônibus estavam na rotina. Quando era imprescindível, tomava-se um táxi. Nele, cada mudança do marcador do taxímetro causava a sensação de uma pontada no coração.

O desconforto da restrição decorrente da falta de disponibilidades financeiras era encarado com naturalidade, não criava impacto ou revolta. Ele era compensado pela alegria juvenil de sentir-se jornalista, de ver a matéria que havíamos escrito transformar-se em manchete e em constatar, com uma ponta de orgulho, que o fato só por nós observado tornava-se disponível ao conhecimento de muitos.

Lembramos, como se fosse hoje, a forma pela qual era passado o noticiário do Rio para São Paulo. A transmissão era feita através de uma linha telefônica direta das 20 às 22 horas para a sucursal da Folha, do Largo da Carioca, para a Rua do Carmo em São Paulo. Havia uma técnica especial para maximizar o tempo disponível para a comunicação. Consistia em estabelecer um ritmo entre uma pessoa que ditava a matéria no Rio de Janeiro para outra em São Paulo, que a recebia. Para deixar as mãos livres, havia fones de ouvido. Por este sistema, eram datilografadas muitas laudas naqueles 120 minutos. Existiam dois verdadeiros astros da habilidade digital: o Davis e o Walter Lacerda, este um jornalista que começou nesta função singela e depois tornou-se um cronista esportivo muito conhecido. Lembramo-nos ainda que, na ocasião em que passávamos a nossa primeira reportagem interestadual, era igualmente transmitida a notícia informando o fim do jogo no Brasil: uma medida do presidente Gaspar Dutra. Era o fechamento do faustoso Cassino da Urca, a despedida da roleta e do bacará. Nós nem chegamos a conhecê-lo em atividade.

Capítulo IV

HOTÉIS DE QUATRO E CINCO ESTRELAS

Anos mais tarde e já trabalhando na A Gazeta Esportiva, a atitude de mão fechada tinha sido atenuada de forma sensível. Este alívio era principalmente o resultado da melhoria da situação econômica do país e, principalmente, da filosofia de Carlos Joel Nelli, diretor do jornal, que investia no prestígio dos profissionais daquele veículo. Ele julgava que era importante destacar a figura de seus redatores nos meios que freqüentassem.

Nos campeonatos sul- americanos de natação realizados na década seguinte, já foi possível viajar com maior tranqüilidade econômica e hospedar-nos em hotéis de quatro ou cinco estrelas, onde ficavam os dirigentes da delegação brasileira. Esta aproximação facilitava a obtenção de noticiário precioso. Melhorava também a imagem do veículo junto a dirigentes brasileiros e do exterior. Por uns tostões a mais, o leitor de A Gazeta Esportiva acabava por ser bem melhor informado e o jornal mais valorizado.

Em 1952, quando foi realizado o campeonato de natação em Lima, Peru, por exemplo, a hospedagem foi feita no luxuoso Hotel Bolivar, na Praça da Constitución. Hoje decadente, naquela época era o melhor hotel do país. O café da manhã podia ser servido no quarto. Fartas guloseimas repousavam em cima de um carrinho transportado com grande cerimônia por um garçom que o empurrava como se fosse um bebê no parque.

No campeonato sul-americano de natação de 1956, realizado em Viña del Mar, o hotel designado acompanhava o mesmo nível do anterior até na arquitetura neoclássica. Era o O'Higgins, tão luxuoso que servia todas as refeições ao som de uma sofisticada orquestra de cordas. Era o mesmo em que estava alojada a chefia da delegação.

Para quem uma década antes encarara um hotel na Lapa, a região das damas de precárias virtudes e dos jovens de sexo dúbio, a preocupação com o item hospedagem tinha apresentado, sem dúvida, uma grande evolução.

Pouca gente poderia imaginar, antes de A Gazeta Esportiva dar o seu último suspiro em 19 de novembro de 2001, que o status de pertencer à equipe de redatores daquele veículo, pelo menos na área do esporte, superava o da maioria dos veículos de comunicação do país. Durante as duas décadas posteriores à circulação diária do jornal em 1948, quando Carlos Joel Nelli foi seu diretor, seu corpo redatorial sempre foi muito considerado.

No exterior, o prestígio também não era menor. As principais referências, em discursos dos dirigentes esportivos internacionais e nas solenidades de natação, eram para A Gazeta Esportiva ou para um argentino, Dante Panzeri, que cobria os principais eventos de esporte amador no nosso continente para uma conhecida revista da época, o "El Gráfico".

Hoje, em uma cobertura internacional, mesmo na área sul-americana, este lado personalizado está reservado aos locutores titulares das grandes redes de TV. Neste terceiro milênio, a quantidade de veículos duplicou, e a personalização do profissional de imprensa foi reduzida drasticamente. Os jornalistas que cobrem os supereventos de nível mundial atingem um total tão elevado que, nos Jogos Olímpicos das duas últimas décadas, o número deles superou até a quantidade de atletas participantes. Nasce daí um acotovelar-se em busca de espaço, torna-se difícil obter uma entrevista com qualquer atleta laureado. A conquista da notícia de destaque, a diferenciação em relação aos demais concorrentes tornou-se muito mais difícil. Esta luta passou a exigir uma diversificação, a fim de se superar a vala comum, fato que, muitas vezes, gera distorções. Na falta de uma informação mais profunda ou mais técnica, surge a divulgação da fofoca, da intriga e da futrica. Este aspecto, entretanto, não é tema deste capítulo. Entrou aqui por simples desabafo. Na verdade, pretendíamos complementar outros aspectos da "dureza" econômica que acompanhava o jornalismo pioneiro, hoje felizmente superada.

Capítulo V

A BRONCA DO AMADEU

É curioso como a disposição física das redações da Folha da Manhã e da Folha da Noite levava a uma divisão de atitudes de jornalistas que as integravam. Eram duas culturas divergentes, separadas, conforme dissemos, por uma simples divisória de madeira e vidro opaco. De um lado, havia um comportamento liberal e até boêmio e, do outro, um rigorismo exacerbado de linguagem, além de uma forma de ser contida da maioria dos redatores. Esta divisão não era aceita pacificamente pelos repórteres da polícia ou de esportes, segregados pelos editorialistas.

As recomendações iniciais para quem, como nós, há sessenta anos, acabava de subir as escadas rangentes do casarão da Rua do Carmo, era o enquadramento em severos princípios que regiam a redação da notícia e, até, a forma de encarar a própria profissão. Um repórter, a partir do primeiro dia de trabalho, começava a absorver de imediato toda uma cultura e os valores inerentes ao veículo ao qual se unira, às vezes transmitidos em um tom douto e solene pelo secretário da redação e, principalmente, pelo subsecretário. Este, de caneta em punho, iria, no futuro, policiar os textos candentes dos focas entusiasmados.

"Escreva sempre na ordem direta! Não utilize palavras que não sejam de uso comum, evite os termos pouco conhecidos. Não use superlativos!".

Naquele contexto, utilizar o "íssimo" seria o mesmo que pronunciar um palavrão! Os debutantes do jornalismo aceitavam aquelas ordens como o recruta que bate continência ao oficial, neste caso o subsecretário.

Com a redação das primeiras laudas, para a maioria dos principiantes vinha a desilusão, o primeiro impacto no amor-próprio. Havia tantas emendas anotadas à tinta vermelha que mal se reconhecia o original previamente datilografado. Às vezes, para facilitar seu trabalho, o secretário, para suprema humilhação do incauto neófito, recomendava:

"Datilografe em espaço dois!"

Era para a melhor forma de obter mais espaço para a sua implacável caneta. Os jornalistas iniciantes sentiam o peso de um policiamento muito rigoroso em seus textos. O secretário ou o subsecretário avaliava cada termo como se tivesse uma balança de precisão. O "foca" ficava durante semanas mordendo o seu amor-próprio até melhorar seu estilo ou se "acostumar".

Nem sempre essa mensuração era aceita pacificamente. A reação (interna, obviamente) da vítima era atribuir as emendas ao rigor de quem corrigia a matéria. Como no futebol, era mais fácil pôr a culpa no juiz do que nas próprias falhas.

Em muitos veículos, a preocupação com a forma do texto igualava-se em importância ao próprio conteúdo da notícia. No amplo contexto de um jornal, composto pelas suas várias áreas editoriais, havia os chamados "grupo de risco" pelos fiscais dos originais, isto é, a área mais criticada pelas transgressões ao vernáculo. Este grupo era integrado majoritariamente pelos repórteres de polícia e de esportes.

A conduta de "bons meninos", de excelentes alunos, ficava por conta dos "coroas" que trabalhavam na Folha da Manhã (voltada preponderantemente para a atividade editorialista e para o noticiário político, de artes e de economia), muitos deles com quilometragem cronológica suficiente para serem admitidos nos tradicionais clubes da terceira idade.

Certa vez, a diferença cultural entre os universos integrados pelos dois veículos que coabitavam a Rua do Carmo eclodiu com grande hilaridade quando Amadeu Nogueira, um acatado e zombeteiro repórter de polícia da época, apontou o indicador para a redação da "Folha da Manhã" do outro lado do vidro e disse:

"Olha a turma da sala da gramática!"

O apelido pegou e por muito tempo quem trabalhava na "Folha da Noite" só se referia ao espaço contíguo como a sala da gramática.

Destes dias de vida nas Folhas restaram as saudades de companheiros admiráveis como Mário Araújo Lobo, Adriano Campanhole (mais tarde presidente do Sindicato dos Jornalistas), Alaor Pacheco Ribeiro, Hilton Pacheco Ribeiro, Dirceu Sales, Milanese, Sajanah Flora, Aroldo Chiorino, Altino Mendes, Américo Mendes e tantos outros que se transformaram em pontos de referência do jornalismo da época em que eu fui recebido nas "Folhas".

Um ano e meio depois destes fatos, a convite de Carlos Joel Nelli fomos trabalhar na A Gazeta Esportiva, tida então como o objetivo máximo de qualquer jornalista especializado em Esportes. Ainda por cima, o salário era o dobro.

Na redação, vizinha à Igreja de Santa Ifigênia, encontramos uma atitude bem diversa em relação a minha experiência anterior. Muito diferente, mesmo, das vivências que trazíamos da Rua do Carmo. A nova casa era menos preocupada com o rigor na forma de expressão, que poderia ser, até, considerada "desleixada". Não havia normas ou regras oficiais, nada que se aproximasse dos "manuais de redação" dos principais veículos de hoje.

Os originais de alguns redatores não primavam pelo brilho, ou, mesmo, pela correção. Digamos que o "controle de qualidade" do próprio jornal também era muito relativo. Os que claudicavam com maior freqüência recebiam uma punição proveniente do próprio grupo: os colegas davam-lhes de imediato a alcunha de "pena de ouro". Os inimigos da gramática, entretanto, eram tolerados por todos em nome do espírito compreensivo reinante.

Este fato, porém, em nada deslustra o conceito obtido pelo órgão fundado por Carlos Joel Nelli, periódico de vanguarda que sempre se destacava pelo dinamismo demonstrado na cobertura esportiva, na amplitude de seu noticiário, na criação de promoções e provas esportivas. Eventos de seu calendário eram tão importantes que subsistiram à própria existência do jornal. Continuaram sendo realizados mesmo quando A Gazeta Esportiva não circulava mais.

Capítulo VI

CARNAVAL "PRA FRENTE"

Seis décadas de redação viram desfilar termos que surgem, vivem e despedem-se do uso comum. É um perpétuo fluir de expressões idiomáticas, algumas de vida efêmera, outras duradouras. Para quem escreve há muito tempo fica difícil caracterizar o nascimento e o óbito daquelas palavras que, como nos terrenos de aluvião, chegam com uma enxurrada e vão-se com a seguinte. É tarefa quase impossível distinguir o vigente do "já era". Está claro que ninguém vai continuar usando o termo "almofadinha" por elegante e outros do mesmo naipe, mas certo dia ficamos estarrecidos com o falecimento precoce de expressões que jamais imaginaríamos já integrarem o arquivo morto da mente dos jovens.

Um exemplo deste fato ocorreu algumas semanas antes de terminarmos os originais deste livro. Esta passagem deu-se na festa de aniversário de um neto, comemorado junto de seus companheiros de escola. Foi em um churrasco em nosso sítio, com a presença de três dezenas de jovens, alunos do quinto ano de uma das mais prestigiosas faculdades da Universidade de São Paulo,

Entre caipirinhas e uma cerveja bem gelada, nos atrevemos a contar uma piada que, por si só, já não era grande coisa. Bem fraquinha e muito conhecida até recentemente. Ela narrava o fato do baile de Carnaval da Portuguesa estar completamente vazio, enquanto o do Corinthians regurgitava de gente. É que o pessoal da Portuguesa havia colocado um painel na portaria: "Carnaval Pra Frente". Os associados continuaram pela Marginal e foram todos para o Corinthians.

Os rapazes ficaram olhando para mim, esperando a continuação da história já concluída e eu me senti mais que encabulado, um dinossauro ou um habitante de um outro planeta. Daí então minha filha, etariamente mais próxima a eles, me explicou:

Papai, veja... esta geração não sabe o que significa "pra frente", o que é ser "pra frente". O termo falado com freqüência há alguns anos, hoje, para estes garotos nem seria arcaico, realmente nunca existiu.

Caí das nuvens!

Dei uma explicação rápida sobre a mudança de sentido das palavras através dos anos em tão pouco tempo e acrescentei mais uma ao meu depósito pessoal de experiências, já atulhado delas.

A dúvida é se nós estamos fora da atualidade ao empregar alguns termos (o que seria um justificado "mea culpa"), ou se as gerações jovens, cada vez mais perto do computador, longe dos livros e até dos jornais, não estão empobrecendo a comunicação, a ponto de utilizar apenas monossílabos para chegar até seu semelhante.

Em defesa deste ponto de vista está a clareza meridiana de que não se pode ficar unicamente no "tá", "né", "legal", ou expressões que nos levarão um dia aos grunhidos do período pré-palavra.

Afinal, jovens de 20 anos não saberem a significação de "ser pra frente", quando ainda ecoam estribilhos com essa frase em músicas que estimulam a nossa seleção ou a confiança no país é, de certa forma, inconcebível.

Talvez a atitude mais aconselhável diante deste importante tema esteja em não sucumbir e continuar escrevendo os "pra frente", esperando que o jovem os incorpore ao seu minguado vocabulário, em vez de submeter-se ao "sinal dos tempos" e aceitar como fato consumado o descarte de toda uma terminologia, de um conjunto de expressões que, sem dúvida, contribuem para o enriquecimento da comunicação entre as pessoas. Esperamos que expressões idiomáticas comunicativas perdurem um pouco mais, tenham uma vida útil mais duradoura. Se esta veloz reciclagem de termos se radicalizar, um livro de uma década não servirá para a seguinte, e nós perderemos todo o patrimônio cultural escrito pelas gerações anteriores.

Já que as questões de linguagem entraram neste livro, com uma dimensão que não havíamos planejado originalmente, voltamos ao assunto para citar um exemplo da variação e de sentido que as palavras ou expressões assumiram através dos tempos. Meu saudoso mestre, amigo e eminente professor de filosofia, prof. João Cruz Costa, costumava afirmar (e até gostava de repetir), para defender a conceituação do historicismo, que outrora a palavra "solteira" não significava, como hoje, um estado civil, mas indicava mulher de costumes "soltos".

Estas considerações apresentadas neste capítulo nos colocam diante do dilema de como proceder diante do desuso precoce, precocíssimo (fiz questão do "issimo") de algumas expressões. Quem escreve também não pode ir atrás somente dos termos "da moda", como se fosse uma roupa descartável.

Quem discordar de nós pode até ter razão. Como diria o meu neto:

– *este "subject" não é a nossa praia!*

Capítulo VII

JORNALEIRO, A VOZ EMUDECIDA!

Quem não tem cabelos brancos nunca escutou a voz do jornaleiro, um grito gutural de um menino que apregoava, em tom dolente, a sucessão das edições dos jornais que acabavam de ser impressos, desde o amanhecer até o cair da tarde.

Ainda ecoam nos ouvidos dos que viveram na época, os pregões dos jornais que eram então vendidos, como a Folha, o Estado e outros já extintos, cuja memória ficou registrada por aqueles gritos de Diárioo, Gatzeétaa, Fanfula e Platéia.

Esses vendedores avulsos, sem ponto fixo, ambulantes, foram substituídos nos domingos à noite por jornaleiros com outro perfil. Não eram mais os adolescentes serelepes que levavam sua mercadoria até os estribos dos bondes, dependurados nos balaústres. Agora, a "categoria" era formada por adultos, "marreteiros" ou "biqueiros", como eram conhecidos na área ligada à circulação dos jornais. Profissionalmente eram independentes, desvinculados das redes de bancas de jornais. Quando havia acontecimentos de grande relevância, ou importantes jogos de futebol pegavam pilhas enormes dos vespertinos nas bocas das rotativas e as levavam diretamente a postos estratégicos, principalmente os localizados no centro da cidade, na cinelândia de outrora, ou nas áreas mais freqüentadas dos bairros.

Essa classe de trabalhadores avulsos foi muito importante para a distribuição de jornais, entre os quais A Gazeta Esportiva. Eles chegavam a comercializar, nas noites de domingo, a terça parte da circulação de segunda-feira, uma edição de quarenta e oito páginas, cuja confecção acompanhamos muito de perto, numa epopéia descrita em outro capítulo deste livro.

Esses "free lancers", como seriam chamados hoje, fizeram fila nas noites de domingo, por anos a fio, na porta do prédio da Fundação Cásper Líbero, à espera dos "repartes". Eram pilhas de 100 exemplares do jornal que trazia os resultados esportivos do dia, em um momento em que a televisão não costumava apresentar o retrospecto da rodada. Essa centena de jornais correspondia a um importante ganha-pão para aqueles lutadores que partiam de um único pólo, ao lado da Igreja de Santa Ifigênia, para onde houvesse compradores. A comercialização começava menos de cinco minutos após a impressão do jornal. No próprio edifício de "A Gazeta", inúmeros torcedores corintianos, são-paulinos e palmeirenses já estavam esperando os primeiros exemplares para "devorar" a vitória de seu clube.

Quanto mais cedo saísse aquele jornal, maior seria a sua circulação.

A briga pelos pontos de venda era grande. Tornava-se fundamental, por exemplo, chegar antes dos outros na esquina da Avenida São João com a Ipiranga (famosa até pelas músicas que inspirou), estar perto do Ponto Chic, no Largo Paissandu, ou ainda aguardar a saída da sessão das 18 horas (que acabava às 20 horas) de quase todos os cinemas da então chamada cinelândia.

Diferentemente do que ocorre hoje, há meio século, o centro era movimentado. Tudo convergia para ele. São Paulo, até os anos setenta, era monopolarizada. Os cinemas, que ainda não recebiam a concorrência dos longa-metragem da televisão, constituíam o principal lazer aos domingos, repartindo este privilégio com a indefectível pizza com a família ou os amigos. Neste aspecto pontificavam no pódio do prestígio a "Castelões", a "Balila", ou a "Cantina 1060", no Brás. A região do Gazômetro era a meca da boa mesa.

O centro histórico, hoje reduto dos camelôs durante o dia e cenário da solidão à noite, esconde histórias e emoções dos dias de apogeu. Para que ele retorne à animação de outras épocas contamos com o apoio bem-vindo de movimentos para sua revalorização. É preciso reviver o tempo em que a Avenida São João e a Barão de Itapetininga eram consideradas nobres.

Se um jornaleiro, presentemente, percorresse o mesmo itinerário de outrora, tentando vender na noite de domingo um jornal do dia seguinte, voltaria triste e murcho, com quase todos os exemplares que havia levado.

São Paulo mudou, mudou mesmo!

O advento do jornalismo eletrônico foi a principal causa do desaparecimento da figura histórica do jornaleiro também nos dias úteis. Quando o rádio e a televisão não existiam, ou tinham informativos incipientes, os veículos impressos precisavam chegar com antecedência às ruas. O pregão dos vendedores, trazia os informes que acabavam de acontecer. A informação tinha de ser antes de tudo fresca. Notícia velha era como peixe: se for publicada no dia seguinte, cheira mal e desmoraliza o veículo.

Diante deste desafio, os jornais há meio século classificavam-se de acordo com o horário de impressão: matutinos ou vespertinos.

Os matutinos eram completos, com maior número de páginas e com uma única edição. Já os vespertinos eram mais leves, tinham por objetivo apresentar o noticiário recente, a foto quente do dia, ou melhor, da hora.

Compreende-se, portanto, a existência de muitos vespertinos com várias edições que atualizavam as matérias à medida que os fatos iam acontecendo. Na busca da notícia nova, o Diário de São Paulo era complementado pelo Diário da Noite, a Folha da Manhã pela Folha da Noite. A Gazeta já era só vespertina. Saía às 14h30, religiosamente, e o Estado de São Paulo só matutino. O Jornal da Tarde, o vespertino do Estadão, começou a circular muito tempo depois dos demais, com características e orientação diversas das dos concorrentes O Correio Paulistano era somente matutino e atendia os interesses de um partido político, o Partido Republicano Paulista – PRP. Para este veículo, com objetivo predominantemente doutrinário, era dispensável estar atrelado a um vespertino.

A forte presença de imigrantes em nosso contexto cultural levou ao aparecimento de veículos de colônia: a Fanfula dos italianos, e o Deutsche Nachrichten (Diário Alemão), que existiu até os anos 60 do século recém- findo.

Com o desenvolvimento do jornalismo nos meios eletrônicos, a informação chega logo após, ou até concomitantemente com a ocorrência. Este fato, porém, não foi o único responsável pelo desaparecimento dos jornaleiros. Também levou ao ocaso os vespertinos impressos. O noticiário televisivo da noite superava, com vantagem, os veículos que tinham sido impressos no período da tarde.

Os matutinos, baluartes do jornalismo impresso, resistiram à mídia eletrônica e sempre estarão em alta, não só pela multiplicidade de oferta editorial como pela parte opinativa que cada jornal deve apresentar. Corpo redatorial fixo e colaboradores de alto nível são os fatores de prestígio destas instituições. Eles têm leitores cativos: desde o artigo de fundo até a história em quadrinhos.

Na publicidade, os classificados (imóveis) e o mercado de trabalho em geral ocupam um espaço que dificilmente seria substituído pelo rádio ou pela TV. O advento da internet tampouco interfere na circulação de um jornal. O noticiário impresso, embora repetindo o que foi dito na véspera pelas edições vespertinas de rádio e TV, sempre é mais completo. Suas páginas têm um sabor de documento. Têm respeitável força opinativa de uma confirmação do fato.

Os jornais e revistas, com o crescimento da economia, também foram aos poucos se segmentando na busca de públicos específicos. Há mercado interessado em artes, esporte, economia ou cultura, ou até os que se deixam atrair pela literatura "pornô", sempre recheada de um visual de belas mulheres.

Devido a esta diversificação e uma grande oferta editorial, a circulação da mídia impressa aumentou, lastreada também no crescimento populacional que quadruplicou nas capitais e grandes cidades. Uma inegável evolução do índice de escolaridade do povo brasileiro igualmente contribuiu para este incremento quantitativo.

É muito gratificante contemplar-se hoje uma banca de jornais profusamente iluminada, com centenas de títulos em oferta, incluindo-se livros, publicações técnicas, álbuns, CDs, um sistema de comercialização completamente diferente da esganiçada voz do jornaleiro que deu margem às primeiras linhas deste capítulo. Hoje, a banca de jornais é uma filial da própria livraria, um reduto da cultura.

Capítulo VIII

É COMO A GENTE TER UM FILHO!

Colocar o jornal na rua nas tardes de domingo foi um dos desafios mais estimulantes em toda a nossa carreira profissional. Isto aconteceu quando, após 15 anos de carreira, chegamos a secretário de redação de A Gazeta Esportiva. Era importantíssimo conseguir "fechá-lo" o mais cedo possível, pois nesta luta estavam embutidas questões fundamentais de promoção, de imagem e de circulação do veículo para o qual trabalhávamos.

Na segunda-feira pela manhã, assim que chegasse, a primeira coisa que o diretor queria saber, obviamente, era a que horas A Gazeta Esportiva tinha rodado na véspera.

Como a tarefa de secretariar um jornal de domingo era muito estressante, foram instituídas duas equipes. Eram compostas, cada qual, por um secretário e um subsecretário, responsáveis, alternadamente a cada semana, por um trabalho altamente competitivo. Tratava-se da regência de todas as pessoas envolvidas no processo para que se obtivesse uma expressiva performance no final do expediente.

Por alguns anos tivemos o comando de uma dessas equipes e sentimos de perto o quanto havia de emulação no desempenho desta missão.

O secretário, de acordo com o planejamento previamente estabelecido, não se incumbia apenas da parte restrita e específica voltada à área editorial do jornal, mas assumia o comando de todo um "processo de fabricação".

Ele, um autêntico maestro, regia uma orquestra de dezenas de instrumentos, tocada por redatores, fotógrafos, revisores e gráficos, todos dentro de uma mesma afinação, em ritmo de marcha batida. Ele tinha a batuta na mão e a marcava o compasso frenético que envolvia aqueles músicos da comunicação. Eram artistas executando com virtuosidade as partituras em seus postos de trabalho: redações, oficinas, principais campos de futebol e locais dos eventos de outras modalidades esportivas. A pressa era tanta que cada repórter saía cinco minutos antes do fim de cada partida, ouvindo pelo seu rádio de pilha o tempo restante, rezando para que não acontecesse nenhum gol naquele período. Entrar no engarrafamento de trânsito quando o jogo terminasse seria fatal para o horário do jornal. No caminho, os motoristas tinham o seu momento de ser o "solo" da orquestra. Entravam totalmente no clima, no objetivo coletivo.

Enquanto o repórter redigia a matéria, já havia um subsecretário pegando na ponta "daquela" lauda para revê-la, quase puxando-a do rolo da máquina de escrever para encaminhá-la, o mais rapidamente possível, para ser composta na oficina.

O fotógrafo, se o jogo fosse na capital, mandava antecipadamente para o laboratório o rolinho de filmes do primeiro tempo pelo motorista de plantão e continuava em campo para documentar o resto da partida. O departamento fotográfico tinha minutos para revelar e copiar as fotos que, muitas vezes, já eram selecionadas no próprio ampliador . Daí começava a correria na gravura. Naquele tempo, trabalhava-se com clichês, um processo de impressão demorado. Nossa função, nesta altura, era não deixar qualquer funcionário perder um segundo.

Os linotipistas eram os mais facilmente emuláveis naquela cadeia produtiva. O expediente deles só acabaria quando o jornal ficasse pronto. Se o secretário demorasse para fechar o jornal, a pizza de domingo à noite com a família começaria mais tarde ou seria perdida.

Modéstia às favas, eles gostavam de trabalhar conosco, principalmente quando eu bradava:

– "Não quero ver a cara de ninguém por aqui depois das sete horas!"

Muitas vezes, o jogo principal era em Ribeirão Preto. Por honra da firma, tínhamos de publicar a partida com fotos. Elas vinham por avião especial e um esquema envolvendo piloto, motociclista e fotógrafo precisava funcionar como um relógio.

Na redação, o Alfredo Lazarini, o Tita, conseguia todos os resultados da primeira, da segunda e da terceira divisões de futebol. Era um trabalho lutado, uma simbiose, sem custos, entre correspondentes e emissários das principais cidades interioranas. Tita sozinho valia por uma agência informativa.

A verdade é que um dia, mesmo com um jogo realizado longe da capital, obtivemos o recorde de colocar o jornal às 18h36 na rua, para a alegria de leitores, marreteiros, do departamento de circulação e... do diretor.

O jornal resultante daquela correria, diagramado na rama com o maior amor e velocidade, chegou às nossas mãos para uma análise final e menos turbulenta, quando todos os redatores já tinham ido para as suas casas e os linotipistas para as suas "pizzas". Era hora do "ufa, que trabalheira"!

O nosso colega de dupla, o subsecretário amigo, estimado e íntegro Aurelino Pires de Campos Nóbrega, nesse instante contemplou o jornal todo cheio de orgulho e comentou empolgado:

– "Puxa.... é como a gente ter um filho!"

Capítulo IX

NO TEMPO DA LINOTIPO

Mostramos o rascunho do capítulo precedente a uma outra filha. Enquanto enfatizávamos o desafio que era colocar o jornal na rua o mais cedo possível, ela, com segura convicção, afirmou:

– Não sei se uma geração como a atual, altamente embrenhada na tecnologia, vai poder compreender em toda a plenitude o que significava aquela luta contra o tempo com os instrumentos disponíveis na época. Alguns jovens podem nem saber o que era, ou como funcionava uma linotipo!

Chocou-me ter de conceber um possível desconhecimento da existência de um importante componente da memória histórica do jornalismo. Apesar da minha descrença, concordei em inserir em alguns capítulos informes que esclareceriam como se imprimia um jornal na época.

Nos anos 40, 50 e 60, o computador não havia chegado ao universo da arte gráfica. A impressão era feita "a quente", processo hoje obsoleto. Ainda não se imaginava a existência do sistema revolucionário "a frio" que nos anos seguintes levou à aposentadoria compulsória os linotipistas, as linotipos e tudo o que envolvesse a cadeia de etapas complementares da confecção do jornal que tinha como ponto final a boca da rotativa.

A linotipo foi inventada por Merghen Thaler em 1885. Permitindo a digitação, esta máquina substituía a composição de um texto por justaposição de tipos, um a um, com uma pinça, em um procedimento lento e trabalhoso que vinha desde Gutemberg. Quando ingressamos na profissão, alguns dos jornais mais modestos do interior ainda adotavam esta forma antiquada de impressão. Entretanto, os teclados da linotipo, na maioria dos casos, somente permitiam chegar até o corpo 12. Dessa medida em diante – caso dos títulos - a composição era feita por tipos, no sistema tradicional e histórico.

Os grandes jornais nas primeiras décadas do século XX foram gradativamente se equipando com estas máquinas enormes de funcionamento complexo, difícil de descrever. Diante delas, sentava-se reverentemente o linotipista, um gráfico muito valorizado no mercado de trabalho, com salário freqüentemente superior aos da própria redação.

À frente deste profissional agitavam-se braços mecânicos que escondiam na parte lateral uma pequena caldeira com chumbo ou antimônio derretidos, prestes a se transformar no texto composto.

Este antimônio gravado em moldes caía já solidificado, mas ainda fumegante, linha a linha, em uma bandeja de formato apropriado para recebê-las.

Era preciso ter muita prática para transportar estas linhas. Os paginadores apertavam com o dedo mínimo de cada mão (o mindinho!) as linhas da extremidade para o centro. Não se podia esbarrar em ninguém, senão a matéria caía toda no chão, ficava misturada ou "empastelada", como se dizia nas oficinas. Não adiantava tentar juntá-las para refazer a matéria. Era mais fácil recompô-las.

Os secretários dos jornais daquela época igualmente sabiam transportar a matéria como os gráficos. Eles também sujavam as mãos de tinta e utilizavam o mesmo sabão especial do pessoal das oficinas para lavá-las no fim do expediente.

A diagramação era feita na rama, uma moldura de ferro com as dimensões da própria página do jornal. O trabalho era o resultado de uma parceria entre um secretário, às vezes um subsecretário (hoje chamados de editores) e o paginador. Para adaptar-se à estética da página, muitos títulos eram refeitos na própria oficina e muitos tópicos eram cortados quando a matéria estourava, isto é, ultrapassava o espaço disponível na rama.

Quem pensa que era esta a página que imprimia o jornal engana-se completamente. Ela constituía apenas uma etapa inicial de um longo processo. Dessa rama originava-se uma nova

impressão, sobre um papelão especial, denominado "flan". A calandra, máquina de grande porte, pressionava com 25 mil libras este papelão contra a rama. Obtinha-se então um novo original da página.

O mérito do "flan" é que, sendo de papelão, e portanto flexível, poderia tornar-se por sua vez o molde da "telha", que era a matriz da mesma página impressa novamente em chumbo e antimônio de forma recurva, uma "meia cana" que se encaixava ao rolo da rotativa.

O diagrama, isto é, o desenho da disposição estética da matéria da página antes de ela ir para a oficina, começou a ser adotado bem mais tarde. Somente na metade dos anos 60 e no início dos anos 70 é que ele passou a ser usado nos principais jornais do país. Entraram então, nesta época, na cadeia produtiva os diagramadores,

As páginas, logo depois, passaram a ser compostas pelo computador e o paginador de outrora passou a ser o "past-up". Chegava-se ao "flan" por processos eletrônicos. O calor, isto é, o processo "a quente", somente entrava em ação na hora da fundição da "telha".

Curiosamente, quando o Brasil já tinha aderido intensamente ao processo moderno de paginação "a frio", os jornais da Inglaterra, segundo relato dos colegas que nos visitavam por ocasião das corridas de Fórmula 1, em Interlagos, ainda se valiam da linotipo e da impressão a quente. O corporativismo dos linotipistas ingleses foi muito maior do que o dos gráficos brasileiros, apesar de o nosso sindicato, sediado na Rua da Figueira, ser um dos mais atuantes da época.

Hoje, os secretários e editores não sujam mais as mãos de tinta. Com o tempo, as linotipos foram migrando para a sucata.

Nem os jornais do interior as queriam, ignorando cem anos de trabalho prestado por aquelas máquinas à imprensa e ao livro.

Quando procurávamos um fecho para este capítulo, nos lembramos de duas coisas marcantes:

1) Atualmente, a integração oficina-redação é bem menor do que já foi outrora.
2) Após redigir estas linhas, concluí que minha filha talvez tivesse razão: é bem possível até que alguns jovens, inclusive alguns que trabalham nesta área, nunca tenham visto uma linotipo e não conheçam pormenores da epopéia da impressão de um jornal há meio século.

Capítulo X

O SEGREDO QUE OS ALEMÃES PERDERAM

Nos anos quarenta, o Brasil ainda sofria as conseqüências do colonialismo cultural e da ausência de políticas que estimulassem a educação popular. Era diminuta a quantidade de jovens com a escolaridade necessária para assumir as oportunidades na área tecnológica que começavam a se apresentar em nosso mercado de trabalho.

Os "ginásios do estado", nome pelo qual eram chamados os estabelecimentos da rede pública de ensino, surgiram tardiamente. As escolas técnicas ou profissionais, então, nem se fala. Existiam em número irrisório.

Conta-se em nossa família que o primeiro curso de segundo ciclo (colegial) foi criado em 1942, em uma cidade como Mogi das Cruzes, hoje com trezentos e sessenta mil habitantes, duas universidades e um movimento estudantil de dezenas de milhares de alunos, só no curso superior.

Isto explica o fato de que, ao instalar o novo parque gráfico que complementaria o edifício de A Gazeta, Cásper Líbero tivesse de importar da Alemanha não somente as máquinas impressoras mas também a gravura. Com isso, precisou contratar técnicos e operários qualificados para fazer funcionar aquele equipamento sofisticado. Os alemães aqui desembarcaram como o supra-sumo do conhecimento especializado, como os próprios reis da tecnologia. Embora portadores de um "know how" que de certa maneira não era complicado, eles nada ensinavam para os auxiliares subalternos tupiniquins. Guardavam segredo com o objetivo de se valorizar, de continuar habitando sozinhos no castelo da mistificação que haviam criado.

Afinal, o que era a "gravura", da qual os gringos faziam tanto mistério?

Esse sistema consistia em gravar uma foto em zinco, através da corrosão resultante da aplicação de produtos químicos e ácidos especiais. Esta corrosão registrava sulcos que correspondiam a uma cópia da foto original. A chapa de zinco já pronta era chamada de clichê.

Na realidade, o processo não era um bicho de sete cabeças, pois ele não deixava de ser a sofisticação da revelação fotográfica, sabida e conhecida por centenas de profissionais que trabalhavam nos laboratórios daquela especialidade. Porém, divulgar como se fazia um clichê poderia significar o término da mordomia, do salto alto de um grupo restrito de pessoas e o fim de um elevado salário.

Chegou, entretanto, o momento em que não deu mais para segurar o segredo. Um auxiliar, garoto simples, mulato inteligente chamado Hernani Pereira de Castro, descobriu, pela observação contínua, como era feito o clichê e, após alguns anos, os representantes da cultura germânica tornaram-se totalmente dispensáveis. Os sobrenomes difíceis de redigir foram substituídos pelo de Castro ou pelo de Picirillo, este filho de imigrantes napolitanos que integravam uma nova camada de brasileiros também interessados em aprender e progredir.

Histórias como a de Hernani eram iguais às de muitos jovens que, se tivessem nascido duas décadas depois, quando as oportunidades de ascensão tornaram-se mais freqüentes, teriam sido engenheiros ou graduados em outras profissões de nível superior. Já maduro e estabilizado profissionalmente, ele não se contentou apenas em chefiar a gravura da Fundação Cásper Líbero.

Deu o "troco". Estudou alemão, foi fazer curso de aperfeiçoamento de artes gráficas na Alemanha e tornou-se, além de profundo conhecedor da área de seu trabalho, um apreciador das louras saxônicas,

O descaso da República Velha com a educação no país já fez com que muitos talentos tivessem sido perdidos. Felizmente hoje, com tantas escolas e universidades, existem milhares de oportunidades para quem tiver a determinação de chegar ao topo.

Relatar toda esta longa luta para se fazer um clichê valeu apenas como uma referência histórica. Hoje, o computador transformou todo o sistema de impressão e a utilização da tradicional gravura tornou-se desnecessária. Os jornais se valem de outros processos mais condizentes com o terceiro milênio. Lançaram mão da computação, hoje indispensável. A gravura tornou-se obsoleta, seguindo a evolução histórica que já havia terminado com a linotipo e a calandra.

Capítulo XI

SAUDADES DA "ROLLEIFLEX"

Se transportarmos para a área de fotografia as transformações ocorridas a partir dos anos cinqüenta, ficaremos extremamente impressionados com os avanços tecnológicos operados neste espaço de tempo.

Este capítulo, escrito em pleno terceiro milênio, procura lembrar, com muita saudade, os equipamentos que, em nome da modernidade, eram gradativamente introduzidos nos departamentos fotográficos dos jornais, exigindo da esfera administrativa sacrificados investimentos para uma maior eficiência profissional.

As máquinas fotográficas do tempo em que os jornais ocupavam os casarões eram pouco portáteis, pesadas, montadas em tripés. O folclore ficava principalmente por conta da iluminação, feita pela combustão de uma mistura em que predominava o magnésio. Cada "flash" era uma explosão que chamava a atenção do prédio inteiro. O pó que iluminava o ambiente ficava em uma caixinha metálica, do tamanho aproximado de um maço de cigarros. A explosão era provocada por meio de um gatilho. Os bons fotógrafos dos anos vinte e início dos anos trinta ganhavam a alcunha respeitosa de "os gigantes do magnésio".

Com o tempo, o tumulto escandaloso da explosão daquele pó foi sendo contido e levado à discrição. O produto continuou sendo usado como instrumento de iluminação da foto, mas dentro de uma lâmpada, que era atarraxada em uma aparelhagem leve, precursora do flash da atualidade.

O problema da fotografia externa noturna, quando realizada em condições de iluminação altamente desfavorável, estava sendo resolvido aos poucos. Lembramo-nos bem que os fotógrafos da época, antes de acoplarem essas lâmpadas aos bocais, passavam-nas na língua, molhando-as com saliva. Achavam que uma pequena lambida facilitava o contacto, e o flash não falhava.

A rigidez espartana do orçamento dos veículos de comunicação da época fazia com que os profissionais saíssem com o material fotográfico contado para uma reportagem externa. Especificava-se previamente o número de fotos que seriam batidas e a quantidade correspondente das lâmpadas de magnésio a serem utilizadas. Elas eram caras. Este problema só foi resolvido bem mais tarde, quando o flash deixou de ser um instrumento portátil acessório, para ser acoplado à própria máquina.

Há quatro ou cinco décadas, também havia rejeição ao filme original de 35 milímetros. A crença dominante era que, por ele ser pequeno, não dava a nitidez desejável quando ampliado.

Antes do advento do material diversificado e sofisticado em uso nos dias presentes, houve algumas máquinas fotográficas com vida efêmera, mas que fizeram história na reportagem fotográfica. Uma delas era a "speedgraf", um equipamento pesadão, que deveria ter mais de dois quilos. Elas utilizavam chapas sólidas, não flexíveis. Não nos perguntem a sua dimensão exata, mas, "no chute", afirmamos que eram compostas por pequenas gavetas de no mínimo 15 centímetros por outros 15 de largura, que se encaixavam naquela máquina tida como o máximo da evolução técnica.

Certa vez, o fotógrafo Alberto Sartini, de A Gazeta Esportiva, tinha somente cinco destas chapas para cobrir aquele famoso jogo realizado no Pacaembu, em que Lêonidas da Silva estreava no São Paulo FC. É dele uma das fotos mais comentadas da imprensa esportiva brasileira, a famosa "bicicleta" do "Diamante Negro", reproduzida por toda a parte, cantada em prosa e verso pela felicidade do ângulo focalizado.

Antes da inundação dos departamentos fotográficos pelas "Pentax" e "Canon", a grande vedete foi a Rolleiflex, que deixou saudades até em Tom Jobim, que compôs uma música sobre ela (Trata-se de "Desafinado", com letra de Newton Mendonça e gravada por João Gilberto).

Num momento da predominância de material caro, a Rolleiflex era valorizada por ser econômica e tecnicamente superior pela dimensão do seu negativo. Assim mesmo, os "escoceses mão-de-vaca" do departamento administrativo chegavam a mandar cortar na câmara escura o rolo negativo de 36 exposições para reaproveitar o que não tivesse sido operado.

Hoje, com o preço do material no chão, até as camadas menos abonadas da população não poupam fotos para os clássicos álbuns de família. A fotografia popularizou-se e o próprio filme foi sendo ultrapassado pelas câmaras digitais que fazem tudo, inclusive tirar fotografias. O filme logo será obsoleto e muitas fábricas já estão fechando.

A foto colorida veio muito mais tarde para os jornais. Os processos de impressão colorida através da gravura e descritos anteriormente, a tricromia ou a quadricromia ficavam caríssimos. Cada cor valia por uma impressão na rotativa. Este fato limitava o seu uso nos jornais. Hoje, a cor é utilizada pela imprensa com menos dor de consciência ou agressão ao bolso.

As disputas dos Jogos Olímpicos que o autor teve a oportunidade de cobrir (1972 – Munique, 1984 – Los Angeles, 1988 – Seul e 1992 – Barcelona) tinham a validade de uma revisão periódica do estágio de sofisticação do equipamento fotográfico dos maiores veículos impressos do mundo. Este material, com grande grau de atualização, comparecia àquele evento trazendo inovações de última geração. A cada Olimpíada, fotógrafos estrangeiros, principalmente americanos, japoneses, franceses, alemães e ingleses compareciam com equipamentos que impressionavam a nós, latino-americanos. As lentes ficavam no final de uma luneta, mais parecida com um tubo de canhão de grosso calibre apontado para o local da solenidade inaugural ou da chegada dos atletas nos 100 metros rasos. É também com este mesmo material de última geração que fotógrafos do "National Geografic Magazine" e outras publicações análogas documentam o nosso universo maravilhoso, flores multicoloridas, geleiras da Antártida, ou a vida febricitante das grandes cidades. É difícil imaginá-los como herdeiros daquele tiro de magnésio que convulsionava a redação há setenta anos.

Com todas as dificuldades materiais, uma geração de brilhantes fotógrafos passou neste mais de meio século pela imprensa paulista. Nomes que deixaram só saudades e admiração e que mencionamos em homenagem a uma categoria profissional de respeito, como o citado Alberto Sartini, o Ceppo do Estadão, o Chico Vizzone e o Dedão dos Diários, o Jorge Torok do Diário Popular, o José Rebelo, José Patela, Rubão, Ralfo Lenzi, José Bento Lenzi, Benedito Garoto Fineto, Júlio Barreto, Angelo Gasperini e Rolando de Freitas de A Gazeta Esportiva, Sergio Linn, os irmãos Pirozzeli, Gil Passarelli e Mario Zillo, das Folhas, Orlando Clemente, Lenine Severino e Nicolau Leite, dos Diários, o inesquecível e sempre pranteado Armando Titero e outros que, certamente, nos perdoarão por não terem sido citados. Esse capítulo saiu da memória e não do registro do departamento de pessoal dos jornais da época. Foram arquivados pelo coração.

Capítulo XII

O "TREM DAS ONZE"

Se neste passeio pela imprensa de outrora o assunto rolar para a área da distribuição de jornais, a nossa primeira lembrança é a dos versos de um dos maiores sucessos do inesquecível Adoniram Barbosa:

"Se eu perder este trem
que sai agora, às 11 horas,
só amanhã de manhã"

Literalmente, se até os anos setenta do último século a remessa de jornais não fosse colocada no "trem das onze", o N 1, ela somente iria para as principais cidades do interior na manhã do dia seguinte. Uma grande porcentagem dos exemplares de todos os matutinos que chegavam às mãos dos leitores interioranos viajava por aquele trem.

Até o fim da Segunda Guerra Mundial (1945), as condições de nossa malha rodoviária eram muito precárias, para não dizer lamentáveis. O primeiro trecho da atual sofisticada Via Anhangüera somente foi inaugurado em 1948, com pista simples entre São Paulo e Jundiaí. Em 1950, quem quisesse prosseguir a viagem de Jundiaí para Campinas tinha de enfrentar um desconfortável chão de terra, sem asfalto (Foi neste trecho que faleceu em acidente o dr. Fernando Costa, governador de Estado e grande incentivador da agricultura). A Via Anhangüera foi duplicada até Campinas bem mais tarde.

A Via Anchieta, no mesmo 1950, ainda possuía somente pista única na serra, fato que tornava perigosíssima qualquer ultrapassagem naquele trecho da rodovia que liga São Paulo ao Litoral. Na ocasião, nem se sonhava com a Rodovia dos Imigrantes e muito menos com a dos Bandeirantes ou a Castelo Branco. Este general que dá seu nome àquela via expressa nem havia assumido a presidência da República. Era a época da poeira.

Este intróito serve para mostrar quanto o nível de nossas estradas da época era prejudicial à distribuição dos jornais para as localidades interioranas. Para compensar, as ferrovias ainda possuíam alguma eficiência e, dessa maneira, assumiam a responsabilidade de fazer chegar ao destino, com a maior pontualidade possível, a remessa diária dos exemplares impressos na véspera. Como decorrência dessa situação, as cidades distantes, localizadas nas pontas de linha, somente conseguiam ler os "matutinos" as duas ou três horas da tarde.

Se contássemos a alguém que há cinqüenta anos a matriz de um jornal (modelo original das páginas) poderia ser transmitida eletronicamente à distância, para ser reimpressa em uma cidade de outro continente, esse fato seria considerado ficção científica.

O transporte expresso daquela época era feito pela aviação, assim mesmo muito precariamente se a compararmos com os equipamentos da aeronáutica moderna. A comunicação aérea tinha por modelo básico o DC-3 ou o C47, aviões lentos, que atingiam apenas uma altitude de 1500 metros e ainda não eram bafejados pela pressurização. Sua pequena capacidade de carga e mesmo a freqüência diminuta dos vôos diários eliminavam muitas alternativas da remessa pelo ar e encareciam enormemente o custo do frete de cada exemplar que chegasse às capitais mais distantes. A velocidade de cruzeiro das aeronaves daquele tempo não passava de trezentos quilômetros por hora.

Hoje, as remessas são expedidas por avião como carga, com custos muito menores, para os lugares mais distantes do país, ou à noite por rodovia, viajando através de estradas de primeiro mundo, como a Castelo Branco, a Via Dutra, a Washington Luís e outras que estimulam o nosso ufanismo. O trem das onze fica na saudade. Atualmente a ferrovia é a tartaruga, resquício de uma época ultrapassada, só transporta carga. Continua viva, porém, a luta dos jovens para reduzir, ainda mais, o tempo entre a impressão e a sua leitura.

As rodovias de outrora, com suas costelas e ondulações, representaram um desafio para a mecânica da época, que não era uma maravilha comparada à atual . Não se conhecia ainda a injeção eletrônica, o ar condicionado era raridade, e a durabilidade dos pneus um terço dos de hoje. Nossa indústria automobilística melhorou muito nas últimas décadas, com a incorporação do progresso tecnológico. Era comum um motorista jactar-se de uma proeza rara há meio século com esta frase: "Fui e voltei de São Paulo a Piracicaba e não me furou nenhum pneu" .

Este longo devaneio valeu principalmente para mostrar a significação estratégica que assumiam os trens noturnos na distribuição dos jornais de São Paulo. Entre eles, o famoso trem das onze, o último a deixar a estação da Luz rumo ao interior, para Marília, Ribeirão Preto, Bauru, chegando, por baldeação, até as cidades emergentes das barrancas do Rio Paraná.

A cada parada na estação ia ficando um "reparte", isto é, a remessa destinada especificamente para aquela cidade e outras localidades adjacentes. Os exemplares, nesse caso, eram reembarcados em "jardineiras", ou em um outro trem, se aquela parada fosse ponto de partida de um ramal ferroviário.

A distribuição dos exemplares para as bancas da capital somente começava depois de os noturnos da Paulista, da Sorocabana e da Central terem partido. O "glutão", o trem das onze, sempre comia em primeiro lugar.

Pelo que foi demonstrado, compreende-se a razão pela qual um simples horário de trem regulava a vida das redações. Ninguém podia entregar um original da editoria de esportes depois das 20 horas em muitos matutinos. Na A Gazeta Esportiva, a "agonia" acontecia quando havia jogo noturno. Se a partida atrasava, saía somente o resultado do primeiro tempo, com uma justificativa para o leitor do interior. O horário do trem das onze era implacável.

Naturalmente, os primeiros exemplares impressos de todos os jornais iam diretamente para a estação pois, como foi dito, para a capital havia mais tempo. A distribuição na cidade de São Paulo era feita por meio de veículos próprios que, como abelhas, pousavam de banca em banca a partir das 5 horas da manhã.

A política dos governos estaduais de incentivo à construção da malha rodoviária mudou a situação de forma tão radical a ponto de, no fim dos anos sessenta, Frias e Caldeira, que já estavam no comando das Folhas, instituírem um excepcional modelo verticalizado de distribuição mediante uma grande frota própria, fato que deu enorme impulso à circulação daqueles órgãos de divulgação instalados na Alameda Barão de Limeira. Esta inovação gerou atitude idêntica da concorrência. O modernismo e a agressividade comercial tomavam conta desta área.

Hoje, a terceirização da distribuição ajuda a completar este quadro histórico de evolução administrativa. Está cada vez mais acirrada a competição até a chegada do exemplar na mão do leitor. Esta contenda entre veículos de comunicação encontra-se nas mãos de grandes especialistas, que travam uma grande batalha na área logística da informação e da publicidade pelo aumento das assinaturas. A competição se faz exemplar por exemplar.

Em um desses dias, estávamos assistindo a um jogo de futebol realizado no exterior. Não resistimos à chegada do sono e fomos dormir depois da meia noite. No outro dia, acordamos cedo. Às seis horas, peguei o exemplar de assinante do Estadão e tomei conhecimento do resultado final da partida, com a descrição do segundo tempo que eu havia perdido, sonegado pela necessidade de trabalhar no dia seguinte.

Evoluímos!

Capítulo XIII

COBERTURA EXTERNA COM TECNOLOGIA TUPINIQUIM

Quando ainda não se imaginava que as redações seriam servidas pelo telex, mais tarde pelo fax e, na seqüência da evolução, pelo computador, a Internet e todas as maravilhas que a tecnologia moderna pode oferecer ao jornalismo moderno, o remédio que restava aos veículos de comunicação era utilizar os recursos então disponíveis, isto é, o telefone, o telegrama e a remessa dos originais via aérea ou terrestre.

Não é necessário nenhum grande esforço para se retratar o quanto era primária a telefonia naquela época. Com poucas linhas para atender o Interior e outros Estados, o tempo para se completar uma ligação, muitas vezes, consumia mais de cinco horas. Era um desespero conseguir-se uma conexão telefônica imediata para transmitir o resultado de um acontecimento importante, ou a matéria sobre um evento realizado em outra cidade. Saber que o jornal esperava aquela matéria com um espaço aberto para o seu fechamento aumentava ainda mais a adrenalina.

O problema era menor em relação ao noticiário diário que chegava do Rio de Janeiro, considerado prioritário. Ele abrangia os assuntos de âmbito nacional, no tempo em que aquela cidade era a capital da República. Para escapar daquele drama, a maioria dos jornais estabelecia um contrato permanente com a Cia. Telefônica Brasileira, para que, religiosamente às 20 horas, uma linha estivesse à disposição do veículo contratante. Para maximizar o tempo disponível, as notícias do dia eram ditadas em ritmo cadenciado para hábeis datilógrafos, de fone no ouvido e mãos livres.

Dentro deste quadro, o leitor já pode imaginar a luta que era passar resultados de uma competição externa de natação ou de atletismo, plenos de nomes japoneses e alemães, numa transmissão de difícil audição para um redator lento em datilografia que estivesse de plantão para recebê-los.

A comunicação com a redação também se efetuava por meio de telegramas. Estes eram utilizados principalmente em coberturas internacionais, de onde o contato telefônico era ainda mais difícil. Junto com a passagem de avião, o repórter recebia, no dia do embarque, uma franquia das duas companhias telegráficas internacionais que operavam no Brasil: a Western Union e a All America. Naturalmente, com elas vinha a recomendação do departamento financeiro:

– Economize! Resuma! Não gaste!

Para quem fosse fazer a cobertura, o pedido correspondia a uma castração. Um banho de água fria para quem desejava enviar um noticiário amplo e completo.

O recurso era aproveitar ao máximo as palavras transmitidas pelo telégrafo, por meio de um método especial onde tudo era resumido e em código. O texto devia ser ampliado e desenvolvido na redação. Quando ele caía nas mãos de um colega competente, atualizado na modalidade esportiva e que amava a notícia, certamente teríamos uma página linda. Se, porém, o secretário dava a tarefa para alguém desprovido daquelas qualidades, com pouca vontade ou sem familiaridade com o assunto, todo o trabalho de vários dias era sacrificado. Numa cobertura realizada em outro país, quem estava na linha de frente dependia muitíssimo da retaguarda, problema que a tecnologia de hoje suplantou definitivamente.

Podemos incluir neste rol das formas de comunicação utilizadas há meio século também a remessa por envelopes, seja por via aérea ou terrestre.

Tanto os textos menos urgentes quanto os rolos de filmes eram colocados em aviões que chegavam a São Paulo muitas vezes no mesmo dia do evento. Utilizava-se o que chamávamos "mala-piloto", uma remessa de correspondência feita graças à cortesia da companhia aérea e da tripulação do avião e não pelas vias postais normais, pois estavam sujeitas a um procedimento burocrático que retardava a entrega e inviabilizava o aproveitamento dentro do prazo do material enviado. Sempre havia um representante do jornal aguardando no aeroporto a tão esperada remessa da "mala-piloto".

O folclore deste sistema utilizado há meio século registra fatos anedóticos de envelopes que acabaram sendo entregues para jornais concorrentes, numa ocasião de acirrada concorrência entre veículos na cobertura de importantes acontecimentos esportivos.

Hoje, já não se aproveita mais a boa vontade dos pilotos da aviação comercial que ajudaram tanto no passado. O simples apertar do botão do computador transmite de imediato o texto e a foto, deixando para a história a vida, luta e a alegria por uma conquista muito sofrida.

Nas coberturas internacionais que fizemos, sentimos a evolução dos meios de comunicação. Vejam os instrumentos utilizados:

a) 1951, Buenos Aires – I Jogos Pan-americanos: Mala piloto, telegrama e telefone.
b) 1959, Chicago – Jogos Pan-americanos: Mala piloto, telefone e telegrama.
c) 1972, Munique – Jogos Olímpicos: Telex e filmes por mala piloto.
d) 1984, Los Angeles – Jogos Olímpicos: Telex e filmes por mala piloto.

e) 1988, Seul – Jogos Olímpicos: Computador, telex, fax, laptop e telefone.
f) 1992, Barcelona – Jogos Olímpicos: Computador, laptop, fax e telefone (o telex já estava obsoleto). Alguns jornalistas estrangeiros já usavam o celular.

De agora em diante as conquistas tecnológicas vão ser ainda mais aceleradas, tornando cada vez mais fácil a comunicação.

Fazer chegar a notícia à redação, após meio século, deixou de ser uma aventura. É como se estivéssemos trabalhando em casa.

Capítulo XIV

UM BAURU NO PONTO CHIC!

Seria um crime de "lesa memória" escrever um livro que visa transmitir o clima do jornalismo esportivo de há meio século e não dedicar nenhuma linha ao Ponto Chic, um pedaço da história de São Paulo, principalmente para os que viveram mais perto dos estádios, dos gramados, das quadras e das pistas.

Aquele bar localizado no Largo do Paissandu era um reduto de uma juventude que, terminada a faina diária, se reunia atrás de um chope bem tirado, de sanduíches personalizados e porções cujo sabor ia muito além da sensibilidade dos que se empanturram hoje nas redes de lanchonetes fast food. O fim de noite transformava-se na oportunidade de dar a cada amigo um balanço do dia e atualizar-se com o movimento político ou esportivo da época.

Às vezes, quando vejo um jovem ou um forasteiro entrar em um dos estabelecimentos do Ponto Chic e pedir um prato standard que a direção foi obrigada a colocar em seu cardápio, fico pensando no que ele está perdendo. Ele ignora que está em um templo, um símbolo histórico de São Paulo, um núcleo protagonista dos melhores momentos de nossa cidade.

Até uma reforma realizada por ocasião da Segunda Guerra Mundial, as paredes do Ponto Chic eram revestidas de lambris de madeira que lhe davam um ar de bar alemão, como o Harmonia e outros então existentes na época.

Alguns anos depois, a modernidade venceu e aquela casa tão tradicional sucumbiu ao pragmatismo do azulejo, mais claro, mais condizente com a agitação de balcão e com o rápido revezamento dos clientes que começavam a se avolumar.

No Ponto Chic reuniam-se os estudantes de Direito para regozijar-se com o furto do peru que tinham feito na exposição da Água Branca. Era o local onde, nos dias que antecediam o 11 de agosto, combinavam-se os "pinduras" e outras formas de escandalizar a cidade. Combinava-se também o "trote" mais criativo para os calouros na célebre "peruada" anual (um deles era mandar a vítima medir a Rua Direita com um palito de fósforo). O Ponto Chic era o local para onde afluíam, após os jogos, os atletas de todas as faculdades que disputavam os campeonatos da FUPE (Federação Universitária Paulista de Esportes). Naquele recinto da juventude também se reuniam à noite os jornalistas, depois de terem coberto um evento esportivo ou fechado o noticiário geral da edição do dia. Era, principalmente, o ponto do burburinho dos "cornetas" do futebol, que lançavam ao vento a última notícia, verdadeira ou simples boato dos bastidores de seus clubes.

Curiosamente, a mulher não havia conquistado o seu espaço nesse universo exclusivamente masculino. Por uma regra não escrita, ou uma convenção seguida muito a sério, o belo sexo não tinha acesso ao chope, ao sanduíche diferenciado, ou às porções que somente existiam lá, servidos pelos dois garçons mais populares: o Alex e o Mococa (por causa dele o bar também era reduto de mocoquenses!).

Foi no Ponto Chic que o sanduíche "bauru" foi criado, uma receita que se expandiu para todos os bares e lanchonetes do país e até do exterior. Como contamos em outro capítulo, foi inventado por Casimiro Pinto Neto. Este era o apelido do então diretor da Rádio Pan-americana, por ter nascido naquela cidade.

O "bauru" que se faz fora do Ponto Chic é diferente do original. No "verdadeiro", apenas o queijo era (e é) servido quente e derretido. O pão é fresco e frio, usa-se rosbife em vez de presunto, há pedaços de pepinos em conserva no recheio, ingredientes exclusivos que só existem em um bar bem abastecido. O "bauru dos outros" foi transformado em um misto quente um pouco melhorado, com queijo, presunto e uma fatia de tomate. A razão deste desvio da receita do mais famoso sanduíche do país prende-se ao fato de outros estabelecimentos não terem condições de reproduzi-lo com o mesmo nível do Ponto Chic. Hoje, quando bate a saudade nos remanescentes da "velha guarda", o remédio é ir a esse bar e pedir o sanduíche histórico ou o "mexidinho", aquela mescla de ovo, queijo e presunto, servido na própria frigideira, que outros bares também não tiveram o "peito" nem o nível de copiar.

Era comum nas emissoras de rádio dos anos 30 e 40 serem apresentadas esquetes, isto é, interpretação de diálogos sobre o cotidiano da cidade. Um destes programas de grande audiência do período pré-televisão era redigido por Otávio Gabus Mendes, o grande "cérebro" da Rádio Record e esteio de Paulo Machado de Carvalho. Os personagens de seus quadros eram o Noé e o Perna Fina, justamente dois motoristas de praça que tinham seu ponto no Largo do Paissandu em frente ao Ponto Chic, e que teatralizavam os acontecimentos mais típicos da dia a dia.

Para muitos, o local foi também bastante ligado aos bastidores da S.E. Palmeiras, porque Odílio Chechini, que era o dono do bar, ocupava uma cadeira no conselho desse clube. Em dia de eleição do alviverde, ou de seu predecessor Palestra Itália, a condução que levava os "eleitores" tinha como ponto de partida aquele referencial inconfundível para qualquer esportista, muito próximo da Avenida São João.

Após muitas vicissitudes, para a alegria de gente como nós, o bar histórico ainda existe com grande atividade e serve, além dos pratos comuns a todos os restaurantes, os sanduíches tradicionais. O Ponto Chic seguiu a recomendação bíblica: cresceu e multiplicou-se.

Encerrando este capítulo repleto de saudades, recomendamos ao leitor ao entrar nesse bar, em respeito ao seu passado, pedir um "Bauru" e um mexidinho junto com o chope bem tirado. Têm gosto de São Paulo. Integram-se à memória de nossa cidade!

Capítulo XV

BURGO DOS JORNALISTAS

Aconteceu, nos idos de 1955, um fato muito típico, inédito nos meios ligados à imprensa paulista, o que poderia ser chamado de "revoada ao Caxingui". Tratava-se da mudança concomitante de mais de uma centena de jornalistas para um bairro distante do centro, mas promissor quanto ao futuro.

O então Governador Adhemar de Barros, em um ato de cortesia para com a classe, resolveu financiar a aquisição da casa própria para os jornalistas, por intermédio do sindicato da categoria. Para tal, destinou as melhores residências de um conjunto habitacional que estava sendo construído pelo Instituto de Previdência do Estado de São Paulo, no emergente bairro do Caxingui, entre a Av. Professor Francisco Morato e a Rodovia Raposo Tavares. As casas localizavam-se bem em frente a um badalado loteamento da Cia. City, o Jardim Guedala, onde começavam a despontar as primeiras construções de alto padrão.

O conjunto em nada diferia dos planos habitacionais de hoje, a não ser pela dimensão dos terrenos, o tamanho e a qualidade da construção.

Pelo preço estabelecido, as prestações eram "salgadas" apesar de a quitação estar prevista em um prazo de amortização de vinte anos. Muitos contemplados não puderam adquirir suas casas, pois não conseguiam comprovar a renda necessária para efetuar a transação: a parcela precisava corresponder, no mínimo, a quarenta por cento dos ganhos de cada profissional da imprensa.

Este programa mobilizou uma grande quantidade de nomes representativos do jornalismo da época, que se transformaram em vizinhos. Desta proximidade resultou uma enorme integração entre gente que trabalhava em jornais diferentes e em diversas funções, de editores a revisores. Havia fotógrafos, redatores esportivos, especialistas no noticiário policial. Muitos ficaram amigos. Os que tinham carro davam carona aos colegas e auxiliavam-se nas dificuldades. Às vezes, organizavam churrascos. Os que já se conheciam estreitaram ainda mais os laços de amizade.

A "bancada" do Caxingui era composta por gente que deixou nome no jornalismo, como os mais ilustres representantes da família Abramo, Hideo Onaga, José Hiamashiro, Rui Marcucci, o hoje renomado jurista Walter Ceneviva, José Albuquerque de Carvalho, Flávio Tambelini, Evaldo Dantas Ferreira, Durval Silva, Araguaia Feitosa Martins, Emílio Colella (que era presidente da Associação dos Cronistas Esportivos), Alfredo Lazzarini, José Frascino, o sempre gentleman Hélio Sá, Hélcio Carvalho de Castro, Trapp (do Diário Alemão). Havia também a sub-bancada dos fotógrafos, composta por Lenine Severino, Orlando Clemente, Nelsinho Jurno, Ginjo e outros.

O conjunto, erguido em 1955, sofreu com o tempo muitas modificações. A valorização imobiliária transformou a Avenida Prof. Francisco Morato em importante corredor comercial e as casas ali localizadas adquiriram um alto valor locativo. O tráfego de quem demanda Itapecerica e o sul do Brasil foi a causa desta valorização.

Alguns jornalistas, os menos organizados economicamente, não resistiram ao custo das prestações e venderam seus imóveis. Outros não se conformaram em habitar a onze quilômetros da Praça da Sé. Por estes fatores, a "bancada" foi se reduzindo gradativamente. Acreditamos que os remanescentes da primeira leva de moradores sejam menos de dez por cento.

Os que não venderam suas casas, provavelmente, acabaram por fazer o melhor negócio de suas vidas. As pesadas condições iniciais da transação foram normais, transparentes, sem "benesses" ou "colher de chá" do Instituto de Previdência. A sorte de quem comprou foi que, em uma época em que não havia ainda a cultura inflacionária, o contrato não previa correção monetária. A prestação, que custava quarenta por cento do salário de um redator na hora da aquisição, quinze anos depois valia o preço de um "bauru" no bar da esquina.

A maioria que continuou com a propriedade saldou-a antes do prazo de vinte anos.

Quem contempla hoje o panorama do jornalismo, o enorme aumento de componentes da classe, verificará que dificilmente serão reproduzidas as condições que geraram a aproximação de tantos colegas, fator de estabelecimento de tantas amizades que até hoje perduram entre os que coabitaram no conjunto do Caxingui, cenário de tantas recordações.

Capítulo XVI

A CHEGADA DA TV

A maior parte de recursos arrecadados para o esporte, especialmente o profissional, é hoje representada pelos direitos de transmissão de eventos pela televisão. De origem relativamente recente, eles se transformaram com o tempo em uma das principais fontes de apoio pecuniário à atividade esportiva. Os Jogos Olímpicos das últimas duas décadas, por exemplo, foram realizados com o dinheiro daquela proveniência. A TV sustenta ainda as atividades da FIFA, das confederações nacionais e regionais de futebol e até dos clubes. Automobilismo, tênis e outras disciplinas marcadamente profissionais também são contemplados pelos veículos eletrônicos, com um aporte correspondente à popularidade que possuem.

Para chegar-se a este estágio, porém, muitos quilômetros foram rodados. A televisão começou no Brasil em 1951, quando Assis Chateaubriand, em um pioneirismo precoce para a época, fundou a PRF3-TV- A Difusora. Foi um ato de coragem em um momento em que não havia mercado publicitário que financiasse aquela atividade em seus primeiros anos de vida. De acordo com os relatos dos partícipes daqueles momentos, a programação era regida pela improvisação – tudo era "ao vivo", inclusive os comerciais. As gravações do que fosse transmitido começaram em uma segunda etapa, quando a evolução técnica contemplou-nos com o VT.

O número de aparelhos de tevê existentes na época de implantação em São Paulo era irrisório. Não havia poder aquisitivo para sua disseminação entre os espectadores se comparado à atualidade: os receptores, todos em preto e branco, eram caros. Esta carência criou uma categoria especial de audiência muito comum naquela ocasião: a dos "televizinhos".

Foi nesta atmosfera, onde tudo era precário, que os primeiros jogos e eventos esportivos começaram a ser transmitidos. A experiência foi bem recebida pelo público. Valia como novidade. Para muitos, mesmo em branco e preto, era muito mais confortável assistir a uma partida na comodidade de uma sala de visitas do que na atmosfera agreste do estádio, sujeita ao calor, ao frio, ao vento e ao palavrão.

Com o passar do tempo e o aumento de telespectadores decorrente da melhoria dos serviços, os dirigentes dos clubes começaram a sentir uma queda de público nos estádios quando os jogos eram transmitidos pela TV. Conseqüentemente, havia perda de arrecadação. A bilheteria era a única fonte de recursos com que contavam.

Os dirigentes das emissoras e seus gerentes de marketing, acostumados ao custo zero, defendiam uma tese diferente, hoje considerada até estranha. Argumentavam que, ao contrário do que afirmavam os dirigentes dos clubes, o televisionamento aumentava o público nos estádios e, além disso, fazia propaganda do esporte, especificamente do futebol.

Comentava-se à meia voz que, sempre que podia, Paulo Machado de Carvalho, da TV Record, embora dirigente da Federação, defendia o ponto de vista das emissoras, mas evitava enfrentá-lo publicamente. À sua peculiar condição, mista de dirigente muito acatado de futebol e de proprietário de uma TV, interessava evitar a eclosão da questão. Em certo momento, não deu mais para postergar o início da cobrança dos direitos de transmissão pelos donos do espetáculo, que eram as federações e os clubes. O exemplo que vinha do exterior, da Europa e de alguns outros países da América do Sul precipitou a solução. A endêmica pobreza dos clubes foi argumento decisivo. As emissoras cederam e acabaram pagando os direitos pelo o que exibiam.

Hoje, esta arrecadação proveniente da publicidade e dos direitos de transmissão é tão grande que tornou de menor expressão os recursos derivados da bilheteria, seja ela dos pequenos ou mesmo dos mega eventos.

Em contrapartida e infelizmente, com o passar do tempo, os órgãos de comunicação, donos dos recursos financeiros, passaram a mandar no espetáculo, impondo horários, interferindo nos calendários e selecionando, com critérios diferentes do interesse do próprio esporte, quais os jogos que devem chegar à casa do espectador, inclusive ditando regras dentro das próprias federações e confederações.

Sem dinheiro não se faz nada. Mas muito dinheiro também traz complicações.

Capítulo XVII

OS CRAQUES DO MICROFONE

Assim como os veículos impressos, os eletrônicos também tiveram seus famosos pioneiros. Há, nesta área, nomes que não podem ser olvidados por quem, um dia, se dispuser a escrever a história da comunicação. É importante que as gerações atuais conheçam alguns craques do microfone, os pioneiros da transmissão esportiva.

A primeira vez que vimos Blota Jr. tínhamos quatorze anos e jamais sonhávamos em ser jornalista. Ficamos empolgados ao contemplá-lo em plena ação com o microfone da Rádio Cruzeiro do Sul, naquele 31 de dezembro de 1940, em plena Ponte Grande. Ele estava "irradiando", como se dizia antigamente, a São Silvestre, vencida naquele ano pelo mineiro José Tibúrcio dos Santos.

A verve, o estilo, a presença de espírito, a picardia, levaram-no mais tarde a ser um dos principais apresentadores da nascente televisão brasileira e daqueles festivais de música da T.V. Record, que até hoje fazem história entre nós.

Blota nunca se afastou do esporte e integra a galeria de presidentes da Associação dos Cronistas Esportivos do Estado de São Paulo. Seu potencial de comunicador era tão grande que também não dava para ele ficar restrita e exclusivamente na área do esporte. Transcendeu para o mundo político e empresarial.

A mesma análise pode ser aplicada a Murilo Antunes Alves. Ele começou sua carreira como locutor da então Rádio S.Paulo, fazendo dupla com Aurélio Campos. Mas sua potencialidade profissional levou-o a outras áreas da atividade humana. Foi reconhecido como brilhante advogado e tornou-se chefe do cerimonial de Palácio dos Bandeirantes e hoje exerce essa função na Câmara Municipal de São Paulo. É advogado da Federação Paulista de Futebol, além de ter desempenhado outros importantes cargos na administração e no esporte. É um homem de cultura, espelhando o "padrão" dos radialistas dos tempos pioneiros.

Falando-se de Murilo, também é preciso citar Aurélio Campos. Foi apresentador do famoso "O Céu é o Limite" na então líder TV Difusora. Também fez carreira política. Foi deputado de prestígio e personalidade.

Do piracicabano Pedro Luiz Paoliello, ou dizemos muito, ou apenas contentamo-nos em resumir a sua grande atividade exercida em toda a sua carreira iniciada na Pan-americana. Posteriormente destacou-se na Rádio Gazeta e em diversas emissoras, formando uma "jovem" equipe, com Luciano do Valle e Juarez Soares, entre outros. Pedro sempre foi brilhante!

Um radialista daquele tempo e que ainda hoje continua na briga pelo pão de cada dia é Silvio Luiz, que eu conheci ainda muito jovem, como assistente dos locutores famosos da época que cobriam as Corridas de São Silvestre dos anos 50. Já naquele tempo tinha o jeito irreverente de um falar direto, com sotaque tipicamente paulista e sem papas na língua. Silvio Luiz não enfeita jogada, chuta em gol. Seu estilo jamais combinaria, neste particular, com a sofisticação da Globo. Mas é assim que o público gosta dele. Nós também!

Outro amigo, um misto de jornalista e radialista, é Orlando Duarte, um brilhante profissional que nunca gostou de ter pouco cabelo. Quando algum colega, gozador, referia-se a esse seu lado anti-Sansão, ele acionava seu mecanismo de defesa e disparava:

– "Sabe que as estatísticas provam que o maior índice de virilidade está entre os calvos?"

Orlando Duarte de Figueiredo (este é seu nome completo) foi recrutado para o jornalismo no jornal "O Tempo", um ótimo matutino porém de vida efêmera. O "Tempo" mudou e ele conseguiu um céu de brigadeiro, ao ser o secretário da redação de A Gazeta Esportiva Ilustrada, uma publicação que, por mais de uma década, foi mantida pela Fundação Cásper Líbero. Ele cobriu também a Portuguesa de Desportos para a A Gazeta Esportiva e, fiel às suas origens de além-mar, identificou-se com a gloriosa equipe da "lusa".

O acompanhamento e o crescimento de todas as modalidades esportivas abriram-lhe um grande espaço nas emissoras de rádio e de televisão. Esta cultura valeu-lhe a fama de eclético e o passaporte para campeonatos mundiais de futebol, Jogos Olímpicos, Jogos Pan-americanos e outros torneios em que ele colocou em ação a sua voz ou a sua pena. Nestes tempos de computador, pena é figura de linguagem, forma de expressão, pois como instrumento de escrita, que eu saiba, somente foi usada por Thomaz Mazzoni.

Na área dos veículos de Chateaubriand, quem pontificava era Walter Abrahão, inteligente e ponderado. Com grande nível cultural e profissional, também foi chamado para um mandato popular. Foi vereador em várias legislaturas e terminou como presidente do Tribunal de Contas do Município. Chefiou uma equipe à qual pertenciam Ávila Machado e o pranteado Gerdi Gomes.

Se formos escalar a equipe dos melhores radialistas esportivos de todos os tempos, certamente os citados neste capítulo teriam um lugar garantido.

Capítulo XVIII

DOS ESTÚDIOS PARA OS ESTÁDIOS

Quem acompanha, nos dias de hoje, os principais acontecimentos esportivos através dos mais destacados veículos de comunicação eletrônica, mal pode imaginar o árduo caminho percorrido até chegar-se à sofisticação das transmissões, quer radiofônicas, quer pela televisão.

A história desta difusão começou pelo rádio, no início da década de trinta, com o advento das primeiras "externas", quando, sem trocadilhos, as emissoras foram dos estúdios para os estádios.

Até onde alcançavam as ondas das então chamadas "estações de rádio", havia gente na audiência dos jogos de que participavam o Corinthians, o São Paulo (da Floresta) e o Palestra Itália, antecessor do Palmeiras. As pelejas, conseqüentemente, passaram a granjear ouvintes, não só nas capitais, mas também no interior.

As emissoras cariocas, provavelmente por razões de prestígio político da então capital da república, eram mais potentes que as de São Paulo ou de outros estados do país. Deve-se a essa questão de alcance geográfico do rádio o fato de, até hoje, os times do Rio possuírem no Norte-Nordeste, no Centro-Oeste e em diversas outras regiões maior torcida que os de São Paulo, Minas ou Rio Grande do Sul. Trata-se de uma preferência que muito tem a ver com os quilohertz da Rádio Nacional.

Mesmo circunscritas ao âmbito regional, as emissoras paulistas apresentavam, nos tempos pioneiros, ótimas transmissões e uma plêiade de excelentes radialistas, que foram os inovadores no segmento de trabalho que escolheram.

Nos anos pioneiros, embora o cardápio de ofertas de espetáculo futebolístico, de turfe e de outras modalidades fosse farto nos fins de semana, um único jogo ou acontecimento esportivo era então transmitido. A inovação de informar simultaneamente os resultados de outros jogos ou de atividades esportivas diferentes, além da que estava sendo irradiada, surgiu somente no fim dos anos quarenta e início dos anos cinqüenta. Ela foi decorrência do espírito criativo de Casemiro Pinto Neto, diretor da Rádio Pan-americana, emissora de propriedade de Paulo Machado de Carvalho. O inventor do "Bauru" (veja o capítulo dedicado ao Ponto Chic) colocava um repórter e um técnico de som em vários estádios, os quais informavam durante a transmissão do jogo principal os gols e os fatos importantes dos outros eventos. Raul Tabajara (mais tarde vereador), Nicolau Chequer, Otávio Muniz e outros faziam parte de uma rádio extremamente ágil e juvenil, mas que ainda não se chamava Jovem Pan.

Aos poucos, o âmbito dessas coberturas simultâneas foi se ampliando geograficamente. As chamadas para o comando central começaram a vir do Rio de Janeiro. Foi a ocasião em que se criou o jargão:

– "Fala Rio!"

Era a resposta dada para o locutor-chefe ao pedido de intervenção do repórter baseado na capital federal.

Este "Fala Rio" generalizou-se de tal forma, que se incorporou ao vocabulário popular. Passou a ser usado na linguagem comum. Quando se esperava o pronunciamento de alguém, vinha a frase: "Fala Rio!".

Naturalmente, nem todas as emissoras que transmitiam futebol conseguiram montar uma estrutura idêntica à da Rádio Pan-americana naquela ocasião. A solução encontrada pelos menos capacitados era "chupinar" o concorrente, reproduzindo as informações que um "escuta" colhia das transmissões da "Pan": o gol marcado, o pênalti e outros informes de interesse eram também retransmitidos pelas demais rádios segundos após a Pan-americana divulgá-los.

Uma vez, a emissora de Casemiro Pinto Neto fez uma maldade para com os que pirateavam o seu noticiário: anunciou um gol que nunca havia sido feito. Imediatamente, algumas rádios também registraram esse gol fictício; logo depois, veio o desmentido da "Pan", afirmando que o placar continuava inalterado, deixando as demais emissoras em má situação. Tinha sido apenas uma brincadeira. Todas as estações que haviam transmitido aquele gol que não acontecera foram obrigadas, um tanto vexadas, também a desmarcá-lo. Depois dessa passagem, desapareceu o hábito de "colar" os gols da "Pan" e os concorrentes começaram a se profissionalizar, montando equipes próprias nos diferentes locais de jogos.

A Pan-americana tinha sua sede na rua Riachuelo, uma ladeira que fica atrás da Faculdade de Direito da Universidade de São Paulo. Estava nos altos de um edifício cujo andar térreo dá para a Avenida 23 de Maio. Hoje vago, o prédio, todo pichado e decadente, está pedindo para ser invadido.

As primeiras transmissões da televisão que se efetuaram na metade da década iniciada em 1951 não chegaram a incomodar o rádio em sua primazia. O número de aparelhos de TV nos tempos pioneiros era muito escasso. Eram muito caros para o poder aquisitivo da época. A televisão levou algum tempo para adquirir a força e o prestígio dos dias presentes.

Nos campeonatos mundiais de 1958 e 62, o rádio ainda dava as cartas. No "pool" das transmissoras daqueles inesquecíveis triunfos, a voz escolhida para transmitir as vitórias do Brasil foi a do inesquecível Geraldo José de Almeida.

Geraldo era da Record, outra emissora de Paulo Machado de Carvalho na ocasião. Ele identificou-se com as nossas conquistas no exterior e teve seus méritos reconhecidos pelo público nacional. Como homenagem dos paulistas, foi dado o seu nome para um dos principais logradouros da cidade: o Ginásio do Ibirapuera. Ele é o genitor de Luiz Alfredo, também locutor esportivo.

Outro endereço importante na evolução histórica do rádio em São Paulo foi a rua Paula Souza, em plena zona cerealista. Era lá que ficava a Rádio Bandeirantes, antes de ir para o Morumbi, cujo departamento de esportes era confiado a Edson Leite. O nome que porém fez história nessa emissora foi o de Fiori Giglioti, um brilhante radialista que durante décadas carreou ouvintes para o prefixo das rádios em que trabalhou. Bom caráter, Fiori granjeou amigos e, durante sua carreira, tornou-se cidadão de mais de duas centenas de municípios de diversos estados do país. Jornalista íntegro, sempre foi valorizado por seus colegas; no cinquentenário de sua atividade profissional, foi homenageado pela ACEESP (Associação dos Cronistas Esportivos do Estado de São Paulo), com festa e uma edição especial da revista daquela entidade de classe.

Nos tempos mais próximos dos atuais, quando já existia a concorrência esmagadora da televisão, ainda houve espaço para glorificar outro grande nome da locução esportiva no rádio: - Osmar Santos. Um acidente rodoviário ocorrido perto de sua cidade natal, Marília, secionou sua carreira.

Hoje, com quase oito décadas de existência, a transmissão esportiva externa via rádio ainda é um instrumento de prestígio na mídia. Este espaço continuará sendo ocupado por muitos anos.

Capítulo XIX

OS GOZADORES FAMOSOS

A atmosfera vivida nas redações sempre foi pródiga em personalidades diferenciadas, marcantes, com forte individualidade extravasada de forma bizarra. Em toda a coletividade jornalística destacava-se o grupo dos gozadores, aqueles que não perdem nenhuma oportunidade para mostrar a sua "verve" criativa, tão vinculada ao espírito da profissão.

Justamente por este aspecto tornamo-nos admiradores incondicionais do Harley Pereira, uma figura sempre alegre que começou sua carreira na Última Hora. Ele é o protagonista de uma passagem clássica que aconteceu nos Jogos Abertos do Interior, realizados em Piracicaba, nos idos de 1957.

Na ocasião, começava a se generalizar, como instituição, a figura do repórter de campo com seu microfone volante. Os Jogos Abertos daqueles anos eram altamente valorizados como objeto de notícia. Os veículos mandavam os seus melhores profissionais para cobrir aquele evento poliesportivo, uma verdadeira atração, não só em todo o interior como também na capital.

Na mesma época começava a tornar-se popular o barbeador elétrico, principalmente um modelo da Philips muito parecido com um microfone. Entre bandas, fanfarras, aplausos populares aos participantes do desfile de abertura, o Harley, que era de jornal e não de rádio, entrevistou durante um largo espaço de tempo o pároco da cidade. Por mais de 15 minutos, o prelado, um conviva da festa, derramava-se em lucubrações filosóficas sobre a grandiosidade do esporte. Só que o reverendo falava para o barbeador do zombeteiro jornalista.

O Harley virou herói para os que perceberam e curtiram a cena que estava acontecendo. Era uma forma marota de complementar a obrigação profissional que o levara à cidade-sede dos jogos. Talvez ele tenha sido um iluminado precursor das "pegadinhas do Faustão".

Anos a fio, cada vez que cruzávamos com o Harley, onde quer que estivéssemos, nunca deixamos de relembrar a proeza, provavelmente incompreensível para os padrões da atualidade.

Se Harley não fosse um gozador, provavelmente não teríamos este capítulo para escrever e reviver uma terna lembrança de um fato registrado há meio século. O desfile de Piracicaba teria sido um a mais nas dezenas que presenciamos em nossa carreira. Aquela brincadeira não indica ausência de responsabilidade ou desinteresse pela notícia. Nos anos cinqüenta, porém, ela era o champignon da boemia. Desse champignon Harley é símbolo!

Outro jornalista amigo participou de uma passagem que não sabemos se deva ser classificada como gozação ou como protesto, mas que teve profunda repercussão. Diferentemente do Harley, Itaboraí Feitosa Martins conseguiu transformar um rinoceronte, apelidado Cacareco, em vereador.

Na adolescência, jogamos botão com Itaboraí e com seus irmãos, nossos vizinhos em Santana. Naquele tempo, garotos jogavam botões! Cada um tomou o seu rumo profissional e eis que o contemplo, anos depois, como jornalista organizando uma campanha de protesto. Inconformado com o rumo da política paulistana do final dos anos 50, Itaboraí não teve dúvidas, lançou como candidato a vereador o nome de "Cacareco", um rinoceronte recentemente incorporado ao nosso zoológico, que estava no centro do noticiário. Naquele tempo, ainda não se usavam máquinas nas eleições, fato que facilitou o protesto de Itaboraí. Não deu outra, com o voto no papel, Cacareco foi eleito pelo voto direto. O rinoceronte ficou entre os mais sufragados.

A palavra "gozação" e o seu próprio apelido de Cacareco levaram-nos à lembrança de Armando Títero, um alegre fotógrafo que se transformou em uma das figuras mais populares da imprensa.

Palmeirense fanático, quando não estava dormindo ou roncando (era o Guinness Book do ronco), ele estava inventando uma piada com alguém, geralmente o Thomaz Mazzoni. Seu maior divertimento era organizar e divulgar o ranking do Cemitério, isto é, a indicação dos companheiros do jornal, classificando cronologicamente os próximos a morrer. Os temas, por mais escabrosos, para Títero eram transformados em piada.

Ele chegava para o José Antoníade Inglez, de mais de cento e cinqüenta quilos e dizia:

"Zé, quando você morrer precisa ir pro cemitério em duas viagens!"

Era natural que o Armando nunca se incluísse no ranking que havia criado, mas o seu dia também chegou. Foi a vez que ninguém riu com ele, mas chorou. Seu funeral deu direito à bandeira do Palmeiras em seu caixão e ao comparecimento da diretoria do Verdão, toda incorporada. Pobre, economicamente um "duro" que só sabia tirar fotografias. Mas era o mais estimado de todos os fotógrafos. Certamente porque fosse alegre!

Renato Reis Barbosa, irmão de Benedito Rui Barbosa, era outro gozador da imprensa. Suas piadas eram do tipo mais intelectualizado. Seu alvo era o lado veterano de Caetano Carlos Paioli, funcionário de carreira da "Light", empresa que administrava luz e os bondes de São Paulo. Rei dos metódicos, Paioli entrava na redação exatamente 20 minutos após marcar o ponto de saída da Light. Ele escrevia sobre atletismo, era uma das pessoas mais bem consideradas no bairro da Penha, onde morava. Deixou livros preciosos sobre aquele esporte e cobriu diversos Jogos Olímpicos e

Pan-americanos. Era a própria consideração personificada. Tudo isso, porém, não o tornava infenso à gozação dos demais companheiros. Pelo fato de ser mais velho e mais sério de todo o grupo, teve de ouvir frases lapidares, quase todas da lavra de Renato, gozador incorrigível:

– "O Paioli é tão antigo na imprensa que já tratava o Gutemberg por Gute!"

E depois complementava:

– "Consta que ele foi revisor da Bíblia"!

– "Na Ceia do Senhor, ele já foi garçom....!"

Do alto do Olimpo, com sorriso e sem nenhuma revolta, Paioli ouvia as piadas das quais era personagem.

Capítulo XX

O JOELHO DO RENAN

A designação para a cobertura dos Jogos Olímpicos constitui um dos maiores prêmios que um jornalista esportivo pode receber em sua carreira profissional. É muito importante, para cada um deles, poder participar daquela festa quadrienal que corresponde a um check-up periódico do ápice a que podem chegar as possibilidades humanas. É extremamente gratificante respirar uma atmosfera de comunhão entre os representantes de todos os países do mundo e poder contemplar os heróis no pódio.

O clímax daquela festa dos cinco continentes está, sem dúvida, no desfile programado tradicionalmente para inaugurar a Olimpíada. Recai sobre os ombros do cronista a grande missão de transmitir para o seu público, em todos os detalhes, o significado daquela cerimônia. Ela simboliza o momento em que o esporte consegue reunir, sem desarmonias, os homens de todo o mundo. A magnitude deste ideal leva a esta união os representantes de todas as raças, de todos os credos, de todos os idiomas e de todas as convicções. A humanidade está junta no mesmo instante, debaixo de uma única bandeira dos cinco anéis, num abraço fraterno e universal. Nem a Organização das Nações Unidas, a ONU, abriga tantos filiados quanto o Comitê Olímpico Internacional.

É inesquecível o privilégio de poder estar sentado no reservado de imprensa e ver o mundo passar diante dos olhos. São negros altos, oriundos de tribos africanas, hoje grandes atletas, são mongóis, são malaios, são loiríssimos escandinavos ou chineses de olhos amendoados. É a vitrine do universo diante dos poucos e privilegiados espectadores que conseguiram uma cadeira para presenciar o maior espetáculo da terra.

Bandas de várias centenas de artistas tentam dar som à festa, procurando com engenhosidade aliar as músicas ao cancioneiro de cada nação desfilante.

Fotógrafos e cinegrafistas se esmeram em eternizar na imagem aquele espetáculo que, infelizmente, os gregos não conseguiram documentar. Essa festa, com o mesmo vigor, renova-se a cada quatro anos, sem que o tempo consiga corroer todo o conteúdo emocional que ela contém.

A tocha olímpica, símbolo do sentimento universal, é acesa a seguir, em clima de apoteose. O "arrepio" nos 90.000 espectadores é inevitável, principalmente para aqueles que, com maior sensibilidade, dão a dimensão justa e acertada para um símbolo que vem desde a Grécia. Depois disso, é a hora do "show", em que cada país sede põe a descoberto todo o seu relicário de tradições.

Por quatro vezes coube ao autor deste livro a responsabilidade de ser o intermediário deste espetáculo e seu público. Em um destes jogos, no dia seguinte à abertura solene, após ter cumprido esta difícil missão de transformar aquela festa em notícia, ainda no êxtase da solenidade da véspera, como é de hábito no jornalismo, fomos ver com que olhos alguns colegas de outros jornais, principalmente os mais jovens, haviam visto e sentido a cerimônia inaugural. Queríamos saber qual a matéria principal do dia. Estarrecido eu li uma delas:

"Joelho do Renan causa preocupação!"

Sentimos que o mundo havia mudado.

PARTE **II**

A CASA DE CASPER LÍBERO

Capítulo **XXI**

UM JORNAL DE ESPORTES TODOS OS DIAS

As primeiras notícias sobre o esporte na imprensa de São Paulo foram concomitantes à própria introdução de sua cultura em nossa sociedade. Os informes mais antigos datam da última década do século retrasado. O remo, o futebol e o ciclismo eram as modalidades que apareciam com maior freqüência no noticiário, naturalmente acompanhando em dimensão o espaço que a importância desta atividade ocupava em nossa cidade.

"O Estado de São Paulo" valorizou a divulgação esportiva, principalmente na primeira quarta parte do século recém-findo, dando destaque aos clubes emergentes da época. Antônio Figueiredo, que era seu redator, deixou aos pósteros um legado histórico, um livro que constitui o principal referencial dos primeiros campeonatos de futebol realizados na capital paulista. Já nos anos vinte, surge também o nome de Américo Neto, outro vulto do jornalismo esportivo paulista, ao lado do considerado Prof. Leopoldo Santana. Todavia, foi em A Gazeta Esportiva que a comunicação das modalidades esportivas atingiu o seu mais alto grau.

Eventualmente poderemos ser considerados parciais ao dedicarmos a segunda parte deste livro a um único veículo especializado. Este fato, entretanto, é plenamente compreensível por dois argumentos explícitos: a A Gazeta Esportiva foi o jornal melhor sucedido na divulgação exclusivamente esportiva, que é um dos focos deste livro. Ela teve tanto êxito em seu empreendimento que chegou a ser recordista brasileiro de circulação. Além disso, sendo esta obra baseada em experiências pessoais (fonte primária, como dizem os historiadores), é natural também uma presença majoritária. Foi em sua redação que ocorreram quase todos os fatos vividos pelo autor em seis décadas de jornalismo.

A divulgação especificamente esportiva em nossa imprensa começou com a publicação de suplementos semanais por diversos jornais. O Estadão era o pai do "Estadinho", muito prestigiado nos anos vinte. Este semanário foi, inclusive, o promotor de uma prova pedestre que levava o seu nome, com partida e chegada no Trianon da Avenida Paulista, o belvedere onde hoje se encontra a MASP. Nessa mesma década, também circulou o jornal "São Paulo Esportivo", dirigido por J. Macedo, semanário que lançou a famosa Travessia de São Paulo a Nado, assumida pela A Gazeta Esportiva em 1932.

O jornal A Gazeta intensificou o noticiário esportivo depois que Cásper Líbero, seu proprietário desde 1918, assistiu a uma corrida "aux flambeaux" (com tochas), em Paris, no ano de 1925. O noticiário esportivo passou a encontrar tão boa acolhida que acabou sendo um dos carros-chefes editoriais daquele vespertino. Em dezembro de 1929 foi lançado um suplemento semanal, tamanho tablóide, com o nome de A Gazeta Esportiva. Uma década depois, ele tornou-se bissemanal.

O binômio A Gazeta-A Gazeta Esportiva foi responsável pela organização de muitas promoções esportivas com incentivo de Cásper Líbero e a operacionalização de Carlos Joel Nelli que, como veremos nos próximos capítulos, foi a figura mais destacada da história do jornalismo esportivo brasileiro. Cásper Líbero faleceu em 1943, em um desastre de aviação. O aparelho em que viajava chocou-se contra o edifício da Escola Naval, no Rio de Janeiro.

Nos anos quarenta, o esporte brasileiro havia atingido um alto grau de desenvolvimento justificando a existência de um jor-

Carlos Joel Nelli foi a principal figura da história do jornalismo esportivo brasileiro. Na foto, ele está ao lado do autor, aguardando a chegada dos atletas que iriam participar da Corrida de São Silvestre.

nal esportivo diário. O criador, propugnador e concretizador desta idéia foi Carlos Joel Nelli, em 10 de outubro de 1947, quando foi às ruas o primeiro exemplar.

O lançamento, inicialmente programado para ter doze páginas, acabou se transformando em dezoito logo nas primeiras semanas de circulação e, depois, em vinte e quatro. Nas segundas-feiras, atingia quarenta e oito devido a grande quantidade de classificados. O jornal não era mais tablóide. Tinha formato convencional, idêntico aos demais matutinos.

Nesse veículo, muito mais do que espaço para a divulgação de todas as modalidades e eventos do fim de semana, foram lançados princípios éticos e conceitos de jornalismo que nortearam todos os que passaram por sua redação. Inclusive o autor deste livro.

Capítulo XXII

NA LINHA DO VENTO

O êxito meteórico da edição diária de A Gazeta Esportiva foi o resultado da conjunção de diversos fatores de influência decisiva para a conquista das metas propostas. A Fundação Cásper Líbero já tinha uma longa história pregressa de identificação com o esporte, as condições básicas para o sucesso e contava com um excelente corpo redatorial, uma tradição na área promocional. Importantes eventos de cunho popular integraram seu calendário. Eles já existiam no tempo em que A Gazeta era o jornal mãe e A Gazeta Esportiva era um tablóide semanal.

Para ampliar ainda mais a lista de circunstâncias favoráveis ao desenvolvimento do novo veículo, deve ser aduzido o espírito altamente empreendedor de seu diretor, Carlos Joel Nelli, pleno de entusiasmo. Ele possuía uma visão dinâmica do jornalismo e do esporte.

O Brasil, em 1947, estava emergindo de um período recessivo causado pela Segunda Guerra Mundial, e a indústria começava a apresentar os primeiros sinais de desenvolvimento. Esta vontade de recuperar o tempo perdido desembocava no grande volume de "classificados", decorrência da demanda de mão-de-obra por empregados técnicos que, nos anos subseqüentes, realizariam a transformação de nosso país. A Gazeta Esportiva tornou-se o veículo natural deste segmento da área, direcionada para um público alvo de trabalhadores que gostava de esporte. O departamento de publicidade tornou aquele jornal especializado auto-sustentável em poucos meses e o carro-chefe da Fundação Cásper Líbero. Na frase famosa de seu fundador, estávamos na "linha do vento".

O forte apelo popular do jornal gerou também a intensificação da sua interação com o público. Eram seus leitores os participantes de provas populares de todas as modalidades, que acompanhavam diariamente a programação e os resultados dos eventos de seu calendário. Eram também os diretores da imensidão dos clubes varzeanos, que iam levar até a redação o convite a outras equipes para jogos do fim de semana seguinte, ou ainda as notícias das vitórias, empates, ou derrotas do último domingo. O veículo dedicava três páginas ao futebol extra-oficial e granjeava um imenso público cativo.

A Gazeta Esportiva procurava cobrir todas as modalidades, daí o seu slogan, "O mais completo jornal de esportes do continente". Seus redatores eram especialistas, entendiam profundamente do esporte sob sua responsabilidade. O editor especialista tinha maior receptividade que o eclético.

Com o primeiro exemplar da edição diária incorporaram-se Thomaz Mazzoni, Miguel Munhoz, Dimas de Almeida, Plínio Sciasca e Caetano Carlos Paioli, que trabalhavam há anos no Gazetão, o órgão central da casa de Cásper Líbero. Em 10 de outubro de 1947, chegou à redação mais uma leva de redatores vindos de outros jornais, como Carlos Turner, o autor deste livro e alguns que buscavam o início de uma nova carreira. Este foi o caso de Paulo Planet Buarque, Walter Ceneviva e tantos outros.

No futebol, cada jornalista responsabilizava-se pela cobertura de um determinado clube. Nos demais esportes, havia um especialista para cada área. Paioli no atletismo, o autor deste livro nos esportes aquáticos e no remo, Turner (e depois Ceneviva) no basquete e assim por diante. A A Gazeta Esportiva chegou a ter (o que hoje seria um exagero) jornalistas especializados até em

"O MAIS COMPLETO JORNAL ESPORTIVO DO BRASIL"

Da frase de Carlos Joel Nelli "Oba..! isto sim é que é jornal," nasceu um neologismo. Fazer um "Oba oba", isto é, uma auto-promoção. A expressão resiste até os dias de hoje.

esgrima, xadrez, tênis de mesa, hóquei e ... columbofilia (competição entre pombos-correio), cujo titular adquiriu de imediato o apelido de "Rolinha".

Esta diversificação de área de cobertura criava um enorme universo de abrangência e também um vínculo de interação leitor-jornal, um fenômeno muito típico, digno de ser aprofundado pelos futuros estudiosos da história do jornalismo.

Não é sem razão que os meios de comunicação de hoje, principalmente os veículos eletrônicos, pretendam tornar cada vez mais intensa a interatividade, utilizando todos os recursos para incrementá-la, desde o telefone até a internet. Por intermédio de perguntas e enquetes, eles procuram estabelecer um contacto com o público alvo. É, porém, um relacionamento diverso do utilizado pela A Gazeta Esportiva de outrora, quando esta comunicação com o leitor era feita de forma natural, incluindo até a presença física do leitor na redação, como portador de uma carta, de um informe, de uma novidade, ou ainda para a inscrição em uma prova popular. Voltaremos ainda ao tema em outro capítulo, que explicará como o fim desta atitude causou o desaparecimento do maior jornal de esportes já publicado na América Latina.

A Gazeta Esportiva teve, através dos tempos, de enfrentar concorrentes, principalmente durante as duas primeiras décadas de existência. Outros empresários e outros veículos lançaram edições diárias de esporte mas, um a um, foram sucumbindo por falta da integração, que não nos cansamos de enfatizar, e pela ausência de um espírito promocional.

O primeiro deles que existiu foi O Esporte, de propriedade de Lido Piccinini. Esta concorrência não durou muito. O Esporte acabou fechando e, da redação extinta, foi convidado para trabalhar na A Gazeta Esportiva o mais competente de seus jornalistas, Flavio Iazzetti. Não foi sem razão que ele acabou se tornando diretor da Escola de Árbitros da Federação Paulista de Futebol e presidente da Associação dos Cronistas Esportivos do Estado de São Paulo. Ele era gente fina, embora a sua cintura evidenciasse o contrário.

Após o O Esporte, outros veículos lançaram edições esportivas para superar o jornal A Gazeta Esportiva. Tiveram todos vida efêmera. Foram estes os editados pela A Última Hora e pelas Folhas.

O jornal esportivo lançado pelo Diário Popular teve mais sucesso. Demorou mais tempo para sair de circulação. Deveu-se este êxito ao seu lançamento tardio, isto é, nos anos setenta, quando a A Gazeta Esportiva, sem Carlos Joel Nelli na direção, não era mais uma concorrente tenaz. Mesmo assim, a versão esportiva do DIPO já não mais existia quando o último exemplar de A Gazeta Esportiva foi editado, no dia 19 de novembro de 2001.

Capítulo **XXIII**

NÓS TRABALHAMOS PELO ESPORTE DO BRASIL

O idealismo e o desejo de contribuir para o desenvolvimento das atividades esportivas em todos os cantos do país foram a marca de A Gazeta Esportiva. Esta postura, todavia, não era uma exclusividade daquele veículo emergente. Toda uma geração de profissionais conscientes da importância da imprensa partilhava deste princípio ético. O jornalista colocava o espírito construtivo no topo da escala de valores. Entre vários nomes de destaque neste particular, podemos citar Ari Silva, o fundador da Associação dos Cronistas Esportivos do Estado de São Paulo, Flávio Iazzettti, Alaor Pacheco Ribeiro das Folhas, os santistas Antônio Guenaga e De Vanney, e tantos outros solistas de uma orquestra que tocava melodias de amor a uma causa. A possível crítica inserida em um ou outro artigo tinha outrora o objetivo de mostrar um caminho melhor e não atender ao ímpeto de destruir pelo simples prazer de auto-promoção e de provocar escândalo.

É verdade que os erros dos dirigentes de clubes e federações de antanho eram pecados veniais se comparados às mazelas de uma cúpula de dirigentes da atualidade, muito mais preocupados em servir-se do esporte em vez de servi-lo.

A síntese desta atitude de colaboração, uma verdadeira declaração de alta estima ao esporte, estava no slogan de A Gazeta Esportiva e de autoria de Carlos Joel Nelli:

– "Nós trabalhamos pelo esporte do Brasil"!

Estas palavras ganharam raízes, passaram a constituir uma convicção profunda partilhada por aqueles que trabalharam nas duas primeiras décadas daquele jornal, que se auto-proclamava o maior e mais completo jornal de esportes do continente.

Toda uma história de mais de meio século de existência de A Gazeta Esportiva demonstrou sobejamente que existem inúmeras formas de contribuir para o engrandecimento do esporte, sem fazer da acusação e do escândalo o cerne da atividade jornalística. Pode-se realizar a tarefa de informar sem abrir mão da independência do jornal, da autoridade moral, do espírito de justiça, tampouco da divulgação de erros e desacertos na conduta dos dirigentes de clubes, federações, árbitros e de todos os que integram o universo do esporte.

Aos poucos, este espírito foi se desfazendo, com o ingresso no corpo redatorial de A Gazeta Esportiva e até nas chefias de reportagens, de novos profissionais, procedentes de outras gerações e de outras "escolas". Uma evidência típica deste fato ocorreu em 1992, quando nos deslocamos de nossas atividades na área de eventos do jornal para cobrir os Jogos Olímpicos de Barcelona. Em uma matéria que citava um pioneirismo (o fato de A Gazeta Esportiva ter sido o primeiro veículo brasileiro a chegar à Vila Olímpica), incluímos entusiasmados o slogan que havia sido repetido por anos a fio pelo nosso jornal: "Nós trabalhamos pelo esporte do Brasil". Para nossa surpresa, quando fomos ler a matéria, um editor alienígena que comandava na época a retaguarda do noticiário havia cortado a frase.

Nada mais simbólico do que este fato. Para ele, formado em outra cultura, procedente de outro veículo, um jornal trabalhar pelo esporte do Brasil soava como um conceito fora de sua estrutura mental, algo inaceitável. Em seu modo de pensar, o jornalismo, provavelmente, era coisa completamente diferente da tradição criada por Carlos Joel Nelli. Curiosamente, sob a égide do mesmo profissional portador desta visão alheia à tradição da Fundação Cásper Líbero, as páginas dedicadas ao futebol var-

O jornalismo permite o contato com as principais figuras do esporte. O entrevistado é o americano Samy Lee, campeão mundial e olímpico de saltos ornamentais. Lee esteve no Brasil em 1963 para os Jogos Pan-americanos. Ídolo em seu país, ele acendeu a pira nos Jogos Olímpicos de 1984, em Los Angeles.

zeano e ao noticiário do interior foram canceladas. Perdia-se o diferencial de A Gazeta Esportiva em relação a outros veículos, e a reciprocidade com o leitor. Caminhava-se para uma fatal pasteurização editorial. Passávamos a ser iguais a todos os outros. Era dado um passo decisivo em direção à extinção de A Gazeta Esportiva, o que ocorreu quando aquele editor não mais trabalhava na redação, isto é, em 19 de Novembro de 2001, dia da bandeira. Para nós, nessa data, uma bandeira de Carlos Joel Nelli, mestre do idealismo no esporte, estava sendo definitivamente arriada.

Capítulo XXIV

INVADINDO BUENOS AIRES

A primeira vez que um veículo brasileiro efetuou a cobertura de um evento de grande importância internacional por uma numerosa equipe de redatores esportivos aconteceu no início da segunda metade do século passado. A ação pioneira nasceu de mais um daqueles "estalos" de Carlos Joel Nelli, diretor de A Gazeta Esportiva.

A Argentina, no governo de Perón, decidiu responsabilizar-se pela organização dos Primeiros Jogos Desportivos Pan-americanos, certame que mobilizou atletas de toda a América em agosto de 1951. Quase uma dezena de profissionais deste jornal foram enviados em julho daquele ano para cobrir esse grande certame de cunho poliesportivo, fato que inaugurou um pioneirismo entre os veículos impressos de nosso país em eventos realizados no exterior.

Após os acertos com as Aerolíneas Argentinas e elegantemente uniformizados pela Modas A Exposição Clipper, um grupo de colegas estava embarcando com grande entusiasmo para a terra do tango.

Sob a coordenação de Olímpio Sá, além do autor deste livro, faziam parte da equipe Caetano Carlos Paioli, José Silveira (pra nós o Cabo Juca), Paulo Planet (beirando os 20 anos de idade), Andrade Marques (encarregado da remessa dos envelopes de correspondência), o fotógrafo Oswaldo Caselato e um jornalista italiano, de nome Giancarlo Di Betta. Na Argentina, incorporou-se ao grupo Manuel Guillermo Aparício, correspondente de A Gazeta Esportiva em Buenos Aires.

Esses companheiros deram um banho de cobertura e publicaram de quatro a cinco páginas diárias sobre o primeiro dos Jogos Pan-americanos. Muitas vezes, o noticiário remetido pelos brasileiros antecipava fatos inéditos para a própria imprensa platina.

O embarque da equipe ocorreu em Cumbica. O atual aeroporto internacional de Guarulhos ainda não existia, mas alguns vôos de Boeing 707, como o nosso, partiam da Base Aérea Militar.

A maioria dos jornalistas de A Gazeta Esportiva que fazia a cobertura do primogênito dos Pan-americanos estava debutando na carreira internacional. Este primeiro contato com o exterior foi altamente enriquecedor, pois propiciou aos participantes da equipe uma visão do esporte de um ângulo muito maior, permitindo-lhes conhecer esportistas e colegas de outras nações e absorver novas experiências de trabalho em dimensão mais ampla. Naturalmente, viagens posteriores, reportagens na Europa, na Ásia e no próprio continente americano contribuíram para um aprimoramento profissional ainda mais completo, um amadurecimento na carreira jornalística subseqüente de cada um daqueles repórteres pioneiros.

A sensação de cumprimentar e ver Evita Perón de perto, perfeita no vestir-se, igualzinha à foto que todo o mundo conhece, integra esta lista de deslumbramentos de um jovem, como o autor deste livro, que começava a alargar seus horizontes pessoais.

O Brasil não foi tecnicamente bem sucedido nesses Jogos. Ganhou pouquíssimas medalhas de ouro. Lembramo-nos das vitórias de Adhemar Ferreira da Silva, no salto triplo (no ano seguinte ele seria campeão olímpico em Helsinque) e de Tetsuo Okamoto nos 1500 metros em natação, fato que eu curti bem de perto, segundo a segundo nos 20 minutos que, naquela época, durava essa

Uma delegação de jornalistas cobrindo os I Jogos Pan-americanos, em 1951.

prova. Disputada braçada a braçada com o mexicano Tonatiuh Gutierrez Olguin, mostrava o público totalmente a favor do nosso adversário (Tetsuo marcou 19m23s3 e o mexicano 19m24s5).

O triunfo obtido por aquele jovem de Marília levou a uma outra emoção nova, que normalmente arranca lágrimas: a de ouvir no exterior a execução do hino nacional premiando a conquista de uma medalha.

O esporte brasileiro na época era tão espartano que a comemoração da vitória de Okamoto e seu técnico Fausto Alonso ficou por conta de A Gazeta Esportiva. Em vez da comida rotineira do alojamento, a celebração do triunfo ocorreu no restaurante "La Tablita", uma churrascaria que servia praticamente um quilo de baby-beef (que de "baby" não tinha nada) em um prato de madeira. Bons tempos em que o país platino era uma explosão de fartura.

Na cronologia histórica do esporte sul-americano, acreditamos porém que esses Jogos Desportivos Pan-americanos constituíram um marco divisor de épocas : o Brasil, começando um ascendente caminho para a liderança esportiva (e econômica) continental e a Argentina, que passava a descer os degraus de uma indiscutível hegemonia sul-americana que mantinha desde o século XIX. O peronismo, amálgama de populismo, e a má gestão ganhavam espaço e adeptos. A Argentina, que nas cinco primeiras décadas dos mil e novecentos era a ocupante exclusiva em todas as tabelas de campeões e recordistas sul-americanos de atletismo, natação e na maioria das modalidades esportivas, começava a reduzir esta sua presença. Passava a dar lugar a atletas provenientes dos demais países. Os brasileiros, que eram outrora chamados lá no sul de "macacos", passaram a obter novas lideranças e novos espaços.

O epílogo da história, que havia começado mais de meio século antes, ocorre no início do terceiro milênio, com sérios problemas econômicos enfrentados pelo país platino. Uma exceção é o esporte, área que ainda continua recebendo alguns aplausos. Cremos que o populismo, inerente ao peronismo, foi a causa da descida dos degraus da glória.

Tetsuo Okamoto foi a primeiro nadador a ganhar uma medalha de ouro em jogos Pan-americanos. Ele comemorou a vitória, após a competição, com a reportagem de A Gazeta Esportiva.

Capítulo XXV

A CASA DO MAGISTRADO!

Repercutiu favoravelmente no Comitê Organizador a presença de quase uma dezena de jornalistas de um único jornal em Buenos Aires a fim de cobrir os Primeiros Jogos Esportivos Panamericanos, um evento do qual os argentinos eram os anfitriões. Este fato não deixava de constituir uma prova de consideração para um país que se lançava em um novo e importante empreendimento, que seria incorporado no calendário esportivo das Américas e que se transformou, nas décadas seguintes, em uma das maiores competições poliesportivas do mundo.

A atitude de A Gazeta Esportiva ao prestigiar um país vizinho encontrou reconhecimento e reciprocidade por parte do dr. Rodolfo Valenzuela, presidente da Suprema Corte da Argentina, o mais alto cargo da magistratura. Ele estava também, na ocasião, na presidência da comissão organizadora dos Primeiros Jogos Panamericanos e da Confederação Argentina de Desportes.

Aquela autoridade, importante personalidade do judiciário argentino, teve a cortesia de receber a equipe de A Gazeta Esportiva em sua residência particular, nos lados de Palermo, servindo um "copetín" aos jornalistas e fazendo mais amigos.

Esta amizade pôde ser mais tarde retribuída em circunstâncias bem diferentes pela A Gazeta Esportiva. Passados os anos, vicissitudes que às vezes ocorrem no universo da política, como a queda de Perón e do peronismo, transformaram completamente o quadro do poder. Em sua ascensão, os militares vencedores não ofereceram rosas aos vencidos. Como conseqüência, Valenzuela

apareceu um dia na redação da A Gazeta Esportiva em São Paulo, um porto de amizade em um mar de vingança. Sua cortesia transformara-se em humildade. Dava dó ver o morador de um dos mais bonitos apartamentos de Buenos Aires surgir sem emprego, mal vestido e sem um dente da frente. Um gendarme da política adversária, a dos militares, tinha-lhe aberto uma janela nos incisivos, gerando falhas pouco condizentes com a alta posição de sua vítima na história do país.

Verificando a situação precária de um dos comandantes dos Primeiros Jogos Pan-americanos, o diretor de A Gazeta Esportiva, Carlos Joel Nelli, de imediato empregou-o em seu jornal como colunista e redator de esgrima. Seus comentários eram assinados sob a alcunha de William de Tocqueville. Interessou-se também

para que ele fosse admitido como professor daquela modalidade esportiva no Clube Atlético Paulistano.

Este fato demonstra o quanto o esporte tem de solidariedade, um sentimento que transcende os limites de quadras, piscinas ou estádios para ligar homens e pessoas que abraçaram a prática daquela atividade como hábito e lema de vida.

Rodolfo Valenzuela era culto. Até hoje, o autor deste livro guarda um exemplar da obra do filósofo Ortega e Gasset, oferta de um ex-ministro da Suprema Corte da Argentina a um jovem jornalista que ainda cursava o segundo ano da Faculdade de Filosofia da Universidade de São Paulo. Esta amizade foi cultivada com respeito e admiração até o momento em que a presença daquela figura passou a ficar cada vez mais rara na redação. A atmosfera política na Argentina principiava a mudar. Os militares já não estavam com toda a força de outrora e começava-se a confabular o retorno de Perón, refugiado na Espanha.

Naturalmente, em toda essa movimentação, Rodolfo Valenzuela era figura de proa. No retorno de uma das viagens que ele fizera à Europa para trocar idéias com o fundador do partido justicialista, ocorreu um acidente aéreo no norte da África. Nele, o nosso personagem perdeu a vida.

Uma pena... Por poucos meses ele não tivera o gostinho de ser reconduzido à sua cadeira na Suprema Corte platina. Se isso ocorresse, ele estaria recebendo muitos telegramas congratulatórios dos companheiros de A Gazeta Esportiva. Certamente, estas mensagens não seriam endereçadas ao ministro ou ao político que subia novamente, mas ao esportista, ao portador de uma amizade independente dos altos e baixos que ocorrem em todos os setores da vida humana.

Capítulo XXVI

ULTRAPASSANDO A NOTÍCIA

O jornalismo esportivo de outrora foi sempre muito participativo. Um exemplo representativo desta característica está na ação de um veículo que tornou possível a presença de nosso país nos Jogos Olímpicos de 1924 em Paris. O trabalho de Américo Neto, então chefe da seção de esportes do jornal O Estado de São Paulo, foi decisivo para que tal fato ocorresse.

Na "A Gazeta", igualmente, este tipo de atividade tornou-se ainda mais notório, obviamente pelo espírito dinâmico e empreendedor de Carlos Joel Nelli. Esta atuação do jornal, que ia muito além da simples publicação da notícia, justificava-se pela utilização do prestígio de um órgão de comunicação para ajudar a própria organização do esporte.

A Federação Paulista de Natação, por exemplo, foi fundada em 20 de novembro de 1932, no auditório de A Gazeta, na rua Líbero Badaró. Toda a articulação do jornalista Carlos Joel Nelli levou à quebra do vínculo e subordinação dessa modalidade à do remo. Este fato provocou um grande desenvolvimento dos esportes aquáticos a partir daquela data.

Antes da publicação do decreto 3.199, do período do Estado Novo, que regulamentou a atividade esportiva do país, em 1939, era possível a coexistência de várias entidades dirigindo uma mesma modalidade. Nos anos trinta, antes deste decreto, eram três as entidades que aspiravam o comando hegemônico do esporte do pedal: a Federação Paulista de Ciclismo, a Liga Ciclística Paulista e a União Brasileira de Ciclismo. Um acordo realizado na redação de A Gazeta Esportiva, sob a articulação de Carlos Joel Nelli, permitiu harmonizar as partes dissidentes e haver a união das três em uma única Federação.

Muitas associações e clubes também encontraram na A Gazeta, e posteriormente em A Gazeta Esportiva, um apoio fundamental para que fossem fundadas. Nelli nunca disse não a qualquer pedido feito em favor dessas entidades. Na campanha para a construção do Morumbi, Laudo Natel encontrou um aliado extraordinário em A Gazeta Esportiva, sem que nenhuma outra vantagem pecuniária tivesse sido pedida em troca dessa colaboração (*ver prefácio deste livro*).

A Taça dos Invictos, ou a Taça A Gazeta Esportiva de Futebol, foi um outro pólo de estímulo e atração para os clubes que disputavam o Campeonato Paulista. Todos perseguiam este troféu destinado à agremiação que obtivesse a maior série de jogos sem derrotas naquele certame. Era uma forma muito criativa deste veículo de estar no centro dos acontecimentos e não apenas noticiá-los, de estar na ribalta em vez de na platéia. Era a promoção na sua melhor filosofia e com um retorno inquestionável.

Nós acreditamos que este posicionamento de presença nos movimentos esportivos inspirava-se no fato de Carlos Joel Nelli ter vivido todos os degraus de uma carreira. Ele foi atleta (salto com vara) do Clube Esperia, representou o Brasil nos Jogos Olímpicos de Los Angeles em 1932 e cobriu como jornalista os Jogos Olímpicos de Berlim, em 1936. Tratava-se de um homem do esporte que ganhou força e autonomia ao ser nomeado por Cásper Líbero gerente geral de todos os órgãos de A Gazeta.

Nelli passou um breve espaço de tempo fora da redação. Ele havia aceitado, após seu retorno dos Jogos Olímpicos em 1936, o convite do então interventor do Estado de Minas Gerais, Ernesto Dorneles, para organizar o Minas Tênis Clube. O trabalho desen-

Laudo Natel, ex-Governador do Estado de São Paulo, vinte anos dirigente do São Paulo F. C. e a quem se deve a construção do Morumbi, manteve vínculos muito estreitos com A Gazeta Esportiva.

volvido foi tão bom que, logo depois, Cásper Líbero, em visita a Belo Horizonte, tomou conhecimento da obra realizada naquele clube. Decidiu então levá-lo de volta para São Paulo, para a A Gazeta, que era o seu berço.

Capítulo XXVII

HISTÓRIAS DA SÃO SILVESTRE!

Um dos eventos esportivos de maior evidência até hoje gerado por um veículo de comunicação de nosso país foi e é, indiscutivelmente, a Corrida Internacional da São Silvestre. Este acontecimento, com mais de oitenta anos de realização contínua, nasceu de uma idéia de Cásper Líbero.

O diretor de A Gazeta havia estado em Paris, em 1924, onde presenciara uma corrida noturna "aux flambeaux", isto é, com tochas. Entusiasmado, tentou implantá-la no Brasil. O uso de lanternas foi abolido por dificuldades operacionais.

A data escolhida para a prova, o último dia do ano, época em que não aconteciam outros eventos esportivos no Brasil foi muito feliz e uma das razões de seu êxito. Ela tornava-se, como conseqüência, o centro da divulgação durante mais de uma quinzena. A disputa da corrida, aos poucos, ganhou a cobertura de muitos veículos de comunicações nacionais, além de A Gazeta Esportiva. Após alguns anos de realização, ela passou a receber ampla difusão pelos meios eletrônicos, primeiramente pelo rádio e depois pela TV, quando a São Silvestre já se tornara internacional.

Na época em que a prova foi lançada, a promotora era "A Gazeta", pois o aparecimento de A Gazeta Esportiva, com edição semanal e tamanho tablóide, somente ocorreu em fins de 1929.

Carlos Joel Nelli, em 1945, tornou a São Silvestre uma prova internacional, convidando para participar da prova daquele ano atletas do cone sul: Uruguai, Argentina e Chile. Em outubro de

1947, quando A Gazeta Esportiva já era editada diariamente, a internacionalidade foi ampliada, com o convite a grandes astros europeus e americanos. Os primeiros que aqui vieram foram o finlandês Viljo Heino, recordista mundial das provas de fundo, e Curtis Stone, um americano que, dois anos depois, sagrar-se-ia campeão pan-americano, nos primeiros jogos realizados em 1951 em Buenos Aires.

O perfil de um superatleta daquela época era completamente diferente do de hoje. Ele era um amador. Vinha ao Brasil pelo espírito olímpico, muito feliz por ter sido convidado para participar de uma importante disputa e ganhar uma viagem para conhecer um país tão exótico. Como retribuição ao seu esforço, contentava-se com hospedagem e os bilhetes aéreos.

A nós, jornalistas, não cabia somente a função de realizar entrevistas ou cobrir treinamentos. Éramos verdadeiros acompanhantes, atendendo os atletas no que fosse possível. Mais do que um simples contato jornalístico, estabelecia-se um relacionamento de amizade que, em muitos casos, continuava através de correspondência e mensagens natalinas. É um tipo de jornalismo que os tempos modernos não praticam ou desconhecem, mas que permitiu ao punhado de profissionais integrados naquele contexto entender melhor o mundo e os almejos de um grande campeão e concluir como, na realidade, a humanidade é semelhante.

Havia todos os tipos de personalidade entre os astros participantes da São Silvestre. Tínhamos os atletas extrovertidos e os reservados. Encontrávamos os interessados em nossa cultura e os que queriam ficar uns dias a mais para conhecer a cidade, curtir o sol e, naturalmente, as garotas.

Este trabalho permitiu nos aproximar do tcheco Emil Zatopeck, um símbolo do atletismo, de Ken Norris, da Inglaterra, e dos belgas Lucien Theys e Gaston Roelants. Walter Ceneviva, nosso companheiro que falava excelente inglês, era muito bem aproveitado pela A Gazeta Esportiva nesse relacionamento. O que até hoje eu consigo comunicar em um claudicante francês ou inglês também nasceu dessa necessidade de atender os famosos visitantes.

Uma das histórias mais marcantes aconteceu quando A Gazeta Esportiva convidou o recordista mundial dos 10.000 metros, a grande estrela da União Soviética Wladimir Kutz. Após tantos anos de isolamento em relação ao nosso país, em plena guerra fria, com o comunismo em alta, aqui desembarcaram, além de Kutz, o seu "técnico" Grigori Nikifurof (que soubemos mais tarde ser o vice-ministro dos esportes da Rússia) e Alejandro Belakov, intérprete que falava um fluente espanhol (e provavelmente era da K.G.B). Completamente desarmado de qualquer outra intenção senão ciceroneá-los, no ápice da propaganda ideológica soviética, nós mostramos a eles particularidades da vida brasileira: eles conheceram nossa casa de três dormitórios, integrante de um conjunto do IPESP, em plena av. Francisco Morato, no Caxingui. Ela tinha cento e cinqüenta metros de área construída em um terreno de 430 metros quadrados. Por sorte, também havíamos conseguido, financiado, um Ford modelo do ano, importado do Canadá. Os russos pediram até para dirigi-lo um pouquinho.

Em nome da hospitalidade, eles foram convidados a conhecer um apartamentozinho que possuíamos em Santos, tipo JK (janela e kitchenette), de tão pequeno que era. Tomaram sol na praia do Embaré, comeram uma peixada no restaurante "Caravelas", na Ponta da Praia, uma referência gastronômica nos anos cinqüenta, e depois foram ao Guarujá. Pediram para comer mamão, que eles acharam uma delícia. Ficaram deslumbrados com a "mordomia" que lhes foi oferecida e com o nível de vida de um profissional de classe média em nosso país.

No dia seguinte, na data da prova, Kutz, o favorito, estava vermelho como um pimentão, assado pelo sol tropical. Chegou somente em oitavo lugar e desapontou os que esperavam um triunfo retumbante dele e do seu regime.

Fiquei por alguns meses com complexo de culpa. Teria sido o exagero da hospitalidade o causador daquele desastre na carreira do campeão?

Nada disso! Soubemos, tempos depois, por um telegrama internacional, que Wladimir havia sido operado do estômago (nada a ver com a peixada do "Caravelas"). Ele já devia apresentar alguns sintomas de problemas oncológicos antes de vir ao Brasil. Logo depois, ele morreu.

Voltando aos visitantes russos: nos primeiros dias eles devem ter pensado que havíamos sido industriados pelo Governo para exibir as "excelsitudes" do nosso país. Quando os russos viram sinceridade, amizade, simplicidade em nossa atitude, compreenderam que, afinal, ninguém estava a fim de fazer proselitismo de seu próprio regime. A franqueza entre pessoas superava tudo.

Nós fomos convidados no dia seguinte, apesar da consternação pelo resultado da prova, para tomar um gole da vodka "legítima" que eles haviam trazido "só pra eles"! Em contrapartida, ganharam meias de nylon, utensílios de maquiagem e outros artigos de toalete para as companheiras que haviam ficado em suas casas, envoltas pela neve típica de dezembro e janeiro na então União Soviética. Eram frivolidades do mundo capitalista que nenhuma mulher em nenhum regime político consegue desprezar. Repetimos. A humanidade é a mesma em todas as partes do mundo e o esporte é um fator de união!

Capítulo XXVIII

RECORDAÇÕES DO ROOF

Cásper Líbero, com os recursos obtidos mediante uma ação na justiça, construiu um edifício moderno para abrigar as instalações de "A Gazeta". Era uma obra avançada para o seu tempo, pelas inovações que apresentava. Entre elas, o "Roof".

O "Roof" era um misto de restaurante e boate, ponto de encontro da sociedade da época. Ficava no último andar do prédio de número 88 da então chamada rua da Conceição.

Cásper era uma pessoa sociável, altamente relacionada na vida da cidade de São Paulo. O "Roof" era o local em que recebia seus amigos, o grande estádio onde se disputava o campeonato do prestígio.

Os colunistas sociais de hoje diriam que se tratava do lugar mais badalado entre os poucos que despontavam na noite paulistana. Quatrocentões e "oriundi" endinheirados proporcionaram durante muitos anos uma receita adicional para a contabilidade da A Gazeta. Naquele espaço, somente se entrava de paletó e gravata.

Lembramos, através dos anos, grandes artistas que lá se apresentavam, como o violinista Raul Laranjeira, o pianista e organista André Pennazzi, e outros.

Comemorações importantes do esporte, bem como os aniversários de A Gazeta Esportiva eram ali festejados. Deve-se também levar em conta os reveillons, abrilhantados pela famosa orquestra de Totó, um nome que valia só para o meio artístico. Fora dele, a mesma pessoa exercia a profissão de médico. Era Antonio

Sergi. Anos mais tarde, ele trabalhou também como clínico geral na Fundação Cásper Líbero.

Com o tempo, outras casas requintadas foram incorporadas à noite paulistana, como a Boate Oásis e o Clube de Paris. Aos poucos, o Roof transformou-se em apenas um excelente restaurante interno dos funcionários.

Foi no Roof que ocorreu uma passagem testemunhada por nós, envolvendo Ari Barroso. Deve-se assinalar que cada cronista da velha guarda tem um fato interessante para contar sobre Ari, e muitos colunistas possuem um grande estoque de histórias sobre o compositor da Aquarela do Brasil, apresentador de televisão e locutor esportivo.

No anedotário sobre ele, o aspecto mais comentado era sua claudicante neutralidade. A paixão pelo Flamengo era visível em qualquer transmissão. Conta-se que uma vez, durante uma sua locução, ele deu o resultado parcial do jogo: "Flamengo três, o resto não interessa". O Rubro-negro estava perdendo por cinco a três!

No caso que testemunhamos, senti bem de perto o prestígio do grande monstro sagrado da música brasileira. Foi no início dos anos cinqüenta. O Arsenal da Inglaterra fazia uma excursão ao Brasil. Do programa de recepção à equipe do país de Sua Majestade Elisabeth II figurava um almoço no ainda famoso Roof, oferecido pela A Gazeta Esportiva aos seus principais dirigentes e comitiva, além de destacados integrantes da crônica esportiva brasileira.

Depois dos discursos e dos licores, charutos acesos, naqueles momentos de paz que sucedem a um grande almoço, pediu-se para Ari sentar-se ao piano e tocar algo de sua autoria. Quando estavam sendo acionados os guindastes para levantá-lo da cadeira, entra no local André Penazzi, um artista no piano e o principal organista da época.

Não sabemos se por amor à tranqüilidade ou por homenagem sincera e real a um dos grandes intérpretes da música popular brasileira, Ari pronunciou uma frase em público, que Penazzi deve ter guardado até o fim de seus dias: "Quando Penazzi chega, Ari Barroso não se atreve a tocar!"

Nos momentos que se seguiram, o alto comando de uma das maiores equipes do futebol do mundo pôde vibrar com o que o nosso país tem de melhor: sua música, sua arte. Aplausos entusiásticos seguiam-se ao final de cada número musical, entre eles "As Três Lágrimas". Aplausos iguais dados aos maiores gols de seu time.

Contemplamos a cena e vimos como o esporte e o jornalismo de outrora proporcionavam um relacionamento entre pessoas e vivências que ultrapassavam os limites da notícia ou mesmo dos resultados dos jogos. Recordações para se guardar até o fim da vida.

Os dirigentes esportivos da época, amadores, provindos do voluntariado, tinham em sua programação um espaço reservado para curtir Ari Barroso, ouvir André Penazzi e tudo o que a vida pode proporcionar de belo e não pensar somente nos tostões do próximo contrato ou na arrecadação da partida seguinte. Não se falava em direitos de TV, pois ela não havia chegado aos campos esportivos. O futebol ainda era esporte!

Capítulo XXIX

CARLOS JOEL NELLI, UM INJUSTIÇADO

Na época em que dirigia A Gazeta Esportiva, a imagem passada por Carlos Joel Nelli para o público externo e para os jornalistas de outras redações era a de quem adorava aparecer em fotografias, pois praticamente cada exemplar publicava sua imagem.

Esta tendência era verdadeira e agravava-se por ocasião da Corrida de São Silvestre. Em outros veículos de comunicação, chegava-se ao ponto de se realizarem "bolos," isto é, concursos e apostas para ver quantas vezes Nelli tinha sido retratado na edição subseqüente a 31 de dezembro.

O prazer de ser fotografado era antigo, vinha de longe. Segundo nos confidenciou uma vez a esposa do dr. Pedro Monteleone, diretor de A Gazeta e contemporâneo de Nelli, esta preferência já existia no início dos anos 30, quando o jornal de Cásper Líbero ainda tinha sua sede na rua Libero Badaró e ele era um simples repórter esportivo. Naquele tempo, quando a luz do "flash" traduzia-se em uma escandalosa explosão do magnésio operado pelo fotógrafo Georges, e a sala, e talvez todo o edifício eram profusamente iluminados, a redação gritava em coro uníssono:

– Neliii...!!!

A maior probabilidade era ele estar sendo fotografado ao lado de algum visitante.

Folclore à parte, nada mais injusto do que se tentar avaliar, de forma extremamente simplista e unilateral, o valor e a obra de uma das principais figuras do jornalismo esportivo do continente.

As realizações de Carlos Joel Nelli, mostradas em constantes citações deste livro, não foram suficientemente reconhecidas pelos que o sucederam, apesar da grandiosidade da herança deixada, quer pelo seu dinamismo, quer pela ética e amor ao esporte.

Carlos Joel Nelli merecia um biógrafo como Assis Chateaubriand encontrou na figura de Fernando Morais, e as linhas que lhe dedicamos neste livro não resgatarão nem um pouquinho da memória do que ele realizou no terreno do jornalismo esportivo. Ao lado de ter sido o criador, fundador e "anima e cuore" do maior jornal de esportes da América Latina, ele nunca abandonou o idealismo.

Na frase "*Nós trabalhamos pelo esporte do Brasil*" estava concentrada a opção por uma atitude de uma imprensa construtiva, que visava melhorar o esporte, levar a juventude e o povo aos estádios, quer como praticantes, quer como espectadores.

Qualquer dirigente que buscasse um espaço para noticiar um evento meritório de um clube ou federação era imediatamente atendido. Ganhava um incentivo, a divulgação pretendida e, muitas vezes, uma foto com o pessoal da redação. Este aparente provincianismo era mais uma demonstração da interação natural entre o leitor e o veículo. Por meio da figura dos correspondentes do interior, o jornal tinha verdadeiros embaixadores em cada cidade. Esse correspondente interiorano recebia como remuneração somente uma simples assinatura de A Gazeta Esportiva, mas esta concessão lhe conferia um enorme status. Tudo obra da simplicidade de Nelli, e que se convertia em aumento de tiragem.

O amor reverente ao esporte surgiu quando o diretor do veículo era ainda um atleta. Natural de Sorocaba, ele competiu pelo Esperia nas provas de salto com vara e integrou a delegação do Brasil que participou dos Jogos Olímpicos de Los Angeles em 1932.

Como jornalista, marcou presença na história de diversas modalidades esportivas. Foi o artífice da fundação da Federação Paulista de Natação, em novembro de 1932, pois, desde 1907, a natação, o pólo aquático e os saltos ornamentais estavam vinculados ao remo, cuja sede ficava em Santos.

Carlos Joel Nelli era um homem de promoção que estava, no mínimo, trinta anos à frente de seu tempo. O edifício Cásper Líbero, na Avenida Paulista, foi obra de sua fértil imaginação e desejo de viver o futuro com antecipação. Hoje, é um ponto de referência em nossa principal artéria pública, o centro financeiro da cidade.

Pouca gente sabe, mas, para construir aquele prédio, foi necessário mudar uma lei de zoneamento municipal, transformação resultante de importantes gestões de natureza política, comandadas pelo diretor de A Gazeta Esportiva. Os grandes edifícios que dão hoje contorno à Avenida Paulista estão ali pelo esforço de Carlos Joel Nelli.

Seu prestígio no esporte era tão grande que, quando o Brasil venceu os mundiais de 58 e 62, o cortejo com os jogadores campeões de São Paulo passou pela Avenida Cásper Líbero, onde se localizava o antigo prédio de A Gazeta Esportiva.

Numa São Paulo em que desconhecidos e endinheirados tornam-se nomes de vias e de importantes logradouros públicos, não existe nenhum com o nome de Carlos Joel Nelli. A cidade voltou, indiferente, as costas para o seu benfeitor. Quando uma vez Fábio Lazzari, um idealista do esporte, quis, por meio de seus amigos da Câmara Municipal, buscar um estádio ou alguma grande instalação esportiva que perpetuasse o nome de Carlos Joel Nelli (que havia sido também o primeiro secretário municipal de esportes de São Paulo), não encontrou nada melhor do que um modesto balneário no Ipiranga para homenageá-lo.

A explicação deste fato talvez esteja em uma frase que o próprio Nelli repetia com freqüência, citando um filme da época: "existem mil olhos do Dr. Mabuse para procurar os defeitos e só um par de mãos para aplaudir". Sem dúvida, faltaram mãos para postumamente bater palmas para aquele grande esportista.

Esperamos que, no futuro, alguém com prestígio para influir na memória de nossa cidade tome conhecimento do conteúdo deste capítulo e faça algo para que Carlos Joel Nelli seja sempre lembrado, corrigindo-se, assim, uma injustiça histórica.

Sempre é tempo!

Capítulo XXX

O JORNAL E A PROMOÇÃO

O lado participativo do jornalismo esportivo em A Gazeta Esportiva não se resumiu exclusivamente aos fatos relatados em capítulo anterior. A sua presença sempre foi sentida na área da promoção esportiva.

A tendência de um veículo organizar um evento esportivo já existia desde as primeiras décadas do século recém-findo. Ela manifestava-se principalmente nas modalidades de ciclismo e pedestrianismo. Há registros de competições promovidas pela A Fanfulla, e o Estado de São Paulo, com a já citada famosa prova O Estadinho.

No Rio de Janeiro, o Jornal dos Sports, de Mario Filho, realizou diversos campeonatos reunidos em um calendário anual. Destes, os mais importantes eram os Jogos da Primavera, evento poliesportivo intercolegial que movimentava toda a juventude esportiva carioca. O desfile inaugural constituía um marco de entusiasmo e um exemplo de contribuição ao esporte nunca mais repetidos naquela cidade.

Não existem dúvidas que os órgãos da Fundação Cásper Líbero foram os mais destacados neste segmento de atividades e deram um grande impulso a importantes modalidades esportivas.

As promoções do calendário de A Gazeta Esportiva eram de caráter popular, voltadas para a base do esporte, muito raramente envolvendo os militantes de cúpula, do vértice da pirâmide, hoje chamados de "alto nível". Essas competições visavam congregar o maior número possível de participantes, procuravam atender ao alicerce de cada modalidade esportiva.

A afluência de concorrentes aos eventos programados era o principal índice de avaliação do êxito de cada iniciativa. A palavra "popular", aliás, constava da própria denominação dessas competições. Este posicionamento, sem dúvida, contribuía para o aparecimento de novos talentos, estimulando a renovação de valores. Exemplo deste fato foi o Campeonato Popular de Boxe, que recebeu a alcunha de "Forja dos Campeões". Durante meio

A prova Ciclística Nove de Julho, competição ainda hoje realizada, nasceu na casa de Casper Líbero.

século, este evento correspondeu ao lançamento de novas gerações de pugilistas no cenário esportivo. Pelo seu regulamento, somente poderiam competir lutadores que entravam no ringue pela primeira vez. Não é preciso dizer que todos os grandes nomes dos tablados foram lançados por aquele certame quando eram simples "new faces". Eder Jofre, Miguel de Oliveira, Vicentão (o "Touro de Osasco") não são os únicos exemplos a citar. Praticamente a maioria dos pugilistas paulistas começou por aquele torneio, que dava enorme publicidade para os lutadores debutantes, pela

primeira vez iluminados pelas luzes do ringue. Com apoio e a divulgação de A Gazeta Esportiva e operacionalização da Federação Paulista de Pugilismo, durante três ou quatro décadas, as lutas tiveram casas cheias e aplausos das arquibancadas.

O caso do boxe não foi exceção, mas regra. O calendário oficial de eventos de A Gazeta Esportiva envolveu Campeonatos Populares de pelo menos outras duas dezenas de modalidades. No momento, lembramo-nos dos de basquetebol, voleibol, remo, malha, bocha, tênis, tiro ao alvo, futebol de salão, e diversas variações do pedestrianismo que complementavam a São Silvestre, como a Prova dos Bairros, as São Silvestres no interior de São Paulo e em outros estados do país.

Havia ainda provas de esportes "pouco olímpicas", como campeonatos de Pesca e o Campeonato de Braço de Ferro, torneio em que, na terminologia expressa pela verve de José Antoníade Inglez, disputava-se o título de "O Patola do Ano". A Gazeta Esportiva nunca fez nenhum concurso de "miss". Estava fora de seus valores o desfile em passarelas.

Além da São Silvestre, a imprensa criou ainda dois outros eventos clássicos incorporados à história da cidade e que tiveram caráter internacional. Trata-se da Travessia de São Paulo a Nado, um símbolo na vida do rio Tietê, e a Prova Ciclística 9 de Julho.

A Travessia de São Paulo a Nado foi uma iniciativa lançada pelo jornalista J. Macedo, de um semanário de vida efêmera, "O Mundo Esportivo". Foi efetuada sob a égide desse veículo entre 1924 e 1932, sendo depois assumida pela A Gazeta Esportiva até 1944, quando as condições sanitárias do rio Tietê não mais permitiram sua realização. Nesse período, competiram na prova todos os grandes nomes de nosso esporte, entre os quais Carlos de Campos Sobrinho, Maria Lenk, Helmuth von Schutz, Liselote Kraus e João Havelange, o superdirigente da FIFA.

Nos anos sessenta, a Travessia de São Paulo a Nado foi reeditada nas águas de Jurubatuba, no Riacho Grande, em duas provas que tiveram a presença de grandes nomes da natação mundial da época: John Kinsela (americano) e Roy Saare (finlandês).

A Prova Ciclística Nove de Julho passou a ser a razão da existência do ciclismo. Começou a ser disputada em 1933, um ano após a Revolução Constitucionalista. Tornou-se um evento internacional e é realizada até hoje.

Esta atividade não pode ser vista exclusivamente como uma ação institucional, desvinculada da área mercadológica. Cada segmento envolvido era um sub-universo e a reunião deles era responsável pela arregimentação global de uma grande camada de leitores. Constituía o motivo pelo qual A Gazeta Esportiva sempre apresentou altos índices de circulação.

Capítulo XXXI

SAIBA QUEM FOI THOMAZ

As características do jornalismo pré-tecnológico contribuíam para a integração entre os profissionais que cobriam os eventos esportivos de outrora. Redações menores e o número reduzido de veículos de comunicação, em um momento em que a televisão não havia despontado, ou ainda engatinhava, faziam com que fosse ampliada a proximidade entre os cronistas que cobriam as diversas modalidades de esporte. Todos se conheciam.

Esta integração atingiu tal ponto, que a Associação dos Cronistas Esportivos do Estado de São Paulo, fundada pelo sempre lembrado Ari Silva, chegou a formar uma equipe de futebol que, quando o calendário futebolístico permitia, ia jogar no interior. Não é preciso ressaltar a satisfação com que uma caravana dos maiores nomes da imprensa esportiva era recebida pelos municípios anfitriões.

Independentemente de serem mais ou menos destacados em suas próprias redações, havia os jornalistas que, indiscutivelmente, eram mais populares por suas qualidades gregárias. Este espírito levou, por exemplo, Emílio Colela, modesto no espaço profissional que ocupava em seu veículo de comunicação, vir a ser, com grande brilho, presidente da ACEESP (Associação dos Cronistas Esportivos do Estado de São Paulo) e um dos melhores líderes que a entidade já teve.

Este fato nos lembra as principais figuras do jornalismo esportivo daquele tempo. Assinalamos, desde já, que a escolha das pessoas citadas não obedeceu nenhum outro critério senão ao de estarem mais próximas da memória do autor destas linhas. Neste particular, não podemos deixar de principiar por Thomaz Mazzoni que, literalmente, tinha sua mesa de trabalho ao lado da nossa.

Esta proximidade geográfica e o convívio diário com o lendário jornalista não foram suficientes para proporcionar, no momento, uma exata dimensão de seu valor profissional. Notamos o verdadeiro peso específico de Thomaz somente décadas mais tarde, quando fizemos uma análise bem acurada de seu livro "História do Futebol", publicado por ocasião do Campeonato Mundial disputado no Brasil em 1950. Até então, apenas havíamos fixado a imagem do redator-chefe de A Gazeta Esportiva como um jornalista folclórico fundamentalmente polêmico, alvo de muitas gozações dos colegas de redação e presença sempre obrigatória nas "mesas redondas" que já começavam a aparecer no rádio. Pavio curto e cioso de suas convicções, Thomaz era freqüentemente convidado para essas tertúlias temáticas. Os demais participantes, e até o "moderador", ávidos de "shows", provocavam Thomaz só para vê-lo "perder as estribeiras". Defendendo seus pontos de vista, ele ficava vermelho, esbravejava, deixava todos os outros felizes pelo aumento de audiência.

Havia, porém, muito mais em Thomaz Mazzoni, além daquele monte de papéis soltos que atulhavam a sua mesa. Em um armário desordenado, estava sendo registrada toda a memória do futebol que ele conhecia com detalhes. Nosso companheiro chegou inclusive a participar do vitorioso programa de TV, "O Céu é o Limite", dirigido por Aurélio Campos, discorrendo sobre o tema do futebol brasileiro.

Ninguém que pretenda ser repórter e escrever sobre o período de 1902 a 1950 do futebol paulista poderá fazê-lo sem consultar Mazzoni. Ele era um verdadeiro e sério historiador do esporte. Muitos de seus contemporâneos o consideravam pela sua exterioridade e nunca pelo o que ele possuía de profundo. Poucos se importaram em saber como um homem praticamente sem escolaridade, emergente, segundo alguns, de uma banca de jornal das bandas da rua do Gasômetro, chegara a resgatar grande parte da memória do nosso futebol.

O fim de Thomaz Mazzoni foi precipitado por um fato que o golpeou profundamente: o episódio do milésimo gol de Pelé. Havia uma discrepância de três ou quatro gols entre as anotações de Thomaz e as dos que faziam uma estatística pelo Santos F.C. Espadachim como era, o editor-chefe de A Gazeta Esportiva não aceitava outras estatísticas além da sua e ficou irredutível em suas opiniões. Como as circunstâncias do momento foram favoráveis aos dados santistas, embora a confiabilidade de Mazzoni fosse inquestionável, a escolha da mídia não prestigiou o nosso companheiro.

O golpe em Thomaz foi muito grande. Este fato, aliado à mudança da redação de A Gazeta Esportiva para o Edifício das Folhas, na alameda Barão de Limeira, foi aos poucos deixando-o triste, descontente, desiludido, em um clima de fim de ciclo, de fim de festa. Meses depois, Olímpio Sá e nós estávamos na Federação Paulista de Futebol, tratando com a presidência sobre a possibilidade de instalar o seu velório naquele local como reconhecimento ao seu grande mérito. Nessa altura, ele já era saudade!

A única grande homenagem a Thomaz Mazzoni de que temos conhecimento foi a concessão de seu nome ao Centro Educacional e Recreativo da Vila Maria. Foi um gesto de amizade de Carlos Joel Nelli, que era o Secretário Municipal de Esportes, cargo que ocupava após ter se aposentado da direção de A Gazeta Esportiva.

Capítulo **XXXII**

OS VIPS DA CRÔNICA ESPORTIVA

Muita gente que obteve destaque na vida cultural, artística, social ou política teve em seus currículos uma passagem pelos veículos esportivos. Alguns nomes ilustres nos primórdios de suas respectivas carreiras passaram pelo jornalismo especializado, cobrindo eventos ou escrevendo colunas.

Uma questão de amizade e admiração faz-nos começar por Walter Ceneviva, hoje eminente jurista, autor de vários livros sobre direito e figura consagrada em sua profissão.

Walter, pelos idos de 1948, era já locutor da Rádio Gazeta. Ele fazia um programa de esportes das 17h45 às 18 horas, diariamente. Com sua voz pausada e solene, transferia sempre seriedade para o conteúdo de sua narrativa. Logo depois, já era o cronista responsável pela modalidade de basquete na A Gazeta Esportiva. Nas corridas da São Silvestre, dava atendimento aos atletas e dirigentes visitantes. Walter falava muito bem inglês e desempenhava-se magnificamente no trabalho de comunicação com europeus e norte-americanos.

Na hora do vestibular para o ensino superior, ele escolheu a Faculdade de Direito São Francisco e, após a formatura, Ceneviva deixou a redação transferindo-se para a área jurídica da Fundação Cásper Líbero. Sua capacidade pessoal também se fez sentir no escritório de advocacia onde, degrau a degrau, ganhava espaço e admiração. O vírus do jornalismo não saiu, porém, do seu corpo. Nome respeitado, é colunista da Folha de São Paulo.

Entre outras figuras que obtiveram êxito no terreno da política, um companheiro que já estava presente no lançamento de

A Gazeta Esportiva diária era Paulo Planet Buarque, na época um menino de 18 anos.

Planet gastou todo o espírito de moleque a que tinha direito dentro da redação, tendo sido autor de muitas passagens clássicas, contadas e repetidas durante muitos anos pelos colegas de trabalho.

Quando A Gazeta Esportiva ficava na Avenida Cásper Líbero, uma das suas laterais era uma estreita ruela, a Coronel Batista da Luz. No lado oposto, bem pertinho, encontrava-se um edifício de escritórios e pequenas empresas.

O maior prazer de Paulo Planet era, inesperadamente, dar um grito, duas vezes mais potente que os do Tarzan nas florestas africanas, e depois ocultar-se e contemplar as cabeças aparecendo em cada janela dos prédios vizinhos, curiosas para saber o que acontecera. O pessoal da redação deleitava-se com o episódio.

Entre as façanhas de Paulo, figura também a famosa rasteira que ele passou nos policiais da Suíça durante a Copa do Mundo de 1954. Jornais de todos os continentes publicaram a foto que deixou o nosso colega negativamente famoso. Para os que ficaram na retaguarda, porém, foi uma surpresa. Planet, embora de espírito polêmico, nunca tinha sido "de briga".

A vida, entretanto, foi generosa com ele. Em pouco tempo tornou-se astro da TV Record, quando esta emissora estava em grande evidência. Sempre boa pinta, Planet elegeu-se deputado estadual, segundo as más línguas pela grande incidência do voto feminino. A seguir foi indicado para o Tribunal de Contas do Município e, logo depois, galgou a presidência daquele órgão. Nesse cargo brindou a cidade com um verdadeiro monumento de engenharia, a sede daquele órgão construída no Ibirapuera.

Até hoje, Paulo Planet Buarque não nega que o alicerce de sua vida foi o jornalismo esportivo, iniciado cobrindo o São Paulo F. C., agremiação pela qual nunca escondeu sua preferência, às vezes até apaixonadamente.

Se quisermos ampliar a lista de gente do esporte com currículo de destaque, lembramos que Brasil Vita, ex-presidente da Câmara Municipal de São Paulo e o vereador com o maior número de reeleições na história do legislativo municipal, também foi colunista de A Gazeta Esportiva, da mesma forma que o foram dois outros gigantes da história da publicidade: Sérgio Andrade (o Arapuã), e Eloy Simões, famoso por seu bom caráter.

Outro exemplo desta série de gente famosa na crônica esportiva aconteceu quando A Gazeta Esportiva já estava na avenida Paulista e aquele moço, vindo do norte do Paraná, foi admitido para a área do futebol, passando de imediato a cobrir o São Paulo F.C., o ápice de uma carreira de um jornalista especializado.

Aquele magrela de cabelo bem preto era Benedito Rui Barbosa, que foi preencher o posto anteriormente ocupado por Paulo Planet Buarque. Rui era também "bafejado" pela paixão pelo "tricolor". Dessa maneira, o ônus do trabalho não lhe deve ter sido muito pesado.

Em um certo momento, ele recebeu um pedido "extra-curricular": o pessoal do Teatro Oficina estava solicitando a colaboração de um jornalista especialista em futebol para dar sua opinião crítica sobre uma peça a ser lançada no teatro de Arena. Chamava-se "Chapetuba Futebol Clube" e contava o drama de um jogador em decadência.

Rui foi e logo enturmou-se com o pessoal do Augusto Boal. Inteligente, aprendeu toda a mecânica de uma peça teatral. Foi adiante e sentiu-se até encorajado a escrever uma obra sobre um tema distante da área do esporte.

Benedito Rui Barbosa era bom mesmo e, logo depois, o Arena estava encenando "Fogo Frio", uma peça sobre o impacto causado pela geada. Foi um sucesso. Dias após, lá estávamos nós assistindo ao trabalho do amigo e levando conosco trinta alunos do colégio em que lecionávamos Filosofia. Rui, naquela noite, contou com uma claque suplementar para aplaudir bem alto a sua obra de estréia. Ele era um colega do qual nos orgulhávamos.

O Fogo Frio esquentou a carreira que gerou O Pantanal, O Rei do Gado, Terra Nostra e tantos outros trabalhos que o tornaram o maior nome da dramaturgia televisiva do Brasil e, provavelmente, um dos maiores do mundo.

Ao contar a história de Rui, emergiu a lembrança de um outro jornalista esportivo, amigo da gente, que também teve sua incursão no mundo emocionante do teatro. Era o Edson França, que tem muito para contar aos seus netos.

Moço simples, como Adhemar Ferreira da Silva também era filho de um motorneiro, do que muito se orgulhava. Aliás, quando se fala hoje em motorneiro, até que fica bem explicar às novas gerações do que se trata. O motorneiro era o condutor do bonde elétrico, então explorado pela "Light", empresa canadense que, sob regime de concessão, fazia todo o transporte de massa de São Paulo.

Edson começou como escriturário do Departamento de Contabilidade da Fundação Cásper Líbero. Sempre que podia, descia para o primeiro andar, local da redação da A Gazeta Esportiva, onde permanecia conversando, oferecendo-se para datilografar os originais de Thomaz Mazzoni, famoso jornalista que sempre escrevia seus comentários à mão, com caneta e tinta, pois não havia aderido à máquina de escrever nem à esferográfica.

Sua simpatia rendeu juros. Logo depois, ele estava sendo transferido do departamento administrativo para a redação, lugar em que atingiu a suprema glória de ser o setorista do Corinthians. Isto quer dizer cobrir o clube de maior torcida no Estado para o então principal jornal de esportes do continente.

De máquina de escrever portátil na bagagem, acompanhou o alvinegro em históricas excursões ao exterior, até que, aos poucos, seu espírito inquieto levou-o a ser envolvido pelo meio teatral.

Como no jornalismo Edson havia encontrado em Joel Nelli e Thomaz Mazzoni amigos e propugnadores de uma carreira, no teatro ele encontrou esta mesma amizade (e muito mais!) no relacionamento que teve com Bibi Ferreira. Em pouco tempo participava de peças e novelas na TV Excelsior, o então Canal 9.

É verdade que ele não era nenhum Sérgio Cardoso, mas também a gente não se acanhava ao assistir a uma peça em que ele era protagonista ou coadjuvante, ou em dizer orgulhosamente:

"Olha lá o meu amigo naquela novela".

Edson atingiu o ápice quando, no teatro Paramount, estava sendo encenado, com grande montagem, o musical "My Fair Lady", com Paulo Autran e Bibi Ferreira, o principal espetáculo musical do ano. Logo após a estréia, Paulo Autran sofreu uma fratura em um acidente no palco enquanto ensaiava e não pode prosseguir naquela peça. Para a satisfação dos amigos, Edson, que nunca havia cantado ou atuado em um musical, entra de prof. O'Higgins naquela montagem, substituindo um monstro sagrado do mundo teatral.

Na redação, a galera comentava: "*Viu só o Edson!*"

Ele, ator prestigiado, continuava a mesma figura simples e amiga dos colegas de jornal. Conosco, ele se excedia em gentilezas. Mandou-nos ingressos privilegiados para "My Fair Lady" e, juntamente com Bibi, nos recebeu no camarim após uma de suas performances.

O seu clímax não foi longo. Edson aos poucos sumiu das telas, dos palcos e das redações. Não faz muito tempo, passou por nosso escritório para conversar, matou saudades e aspergiu simpatia. Era o mesmo moço simples que tinha orgulho da sua família e descia do 5º andar (contabilidade) para o 1º andar (redação), somente porque se sentia muito bem lá. Um autêntico!

Capítulo XXXIII

O APITO FINAL

Ainda no final dos anos setenta e no início dos anos oitenta, A Gazeta Esportiva conseguia realizar eventos massivos de profunda repercussão na área do esporte. Nessa época, foram efetuadas iniciativas que constituíram ponto de referência para as modalidades envolvidas. Na realidade, tornaram-se "clássicos" de promoções voltadas para a base do esporte e as maiores até hoje realizadas em seu gênero nos cinco continentes.

Estes eventos foram efetuados em um momento em que Carlos Joel Nelli não mais regia a orquestra da promoção esportiva. Ele não estava mais na direção desse periódico que, porém, em algumas áreas, ainda mantinha o espírito dinâmico que o caracterizou.

Essas iniciativas foram a "Operação Juventude", na modalidade de atletismo, o Programa Ricardo Prado de Natação e a Copa Arizona de Futebol Amador, todas elas maiores do mundo em participação nas respectivas áreas. Uma delas (a de natação) foi oficializada no "Guinness Book" como o maior revezamento do mundo. Tivemos, pessoalmente, a alegria de criar e implementar essas promoções, como seguidores do diretor-fundador daquele jornal.

Com custos elevados de produção, o aporte financeiro para a realização dessas mega-produções já não saía mais da minguada caixa do jornal, mas de recursos de grandes patrocinadores que proporcionavam condições para uma implementação grandiosa.

Não nos consta que, no mundo, algum veículo de comunicação, ou mesmo qualquer entidade especializada tivesse tido a coragem de encarar um desafio como o da Copa Arizona, realizada na área do futebol amador e que se transformou na maior competição do gênero até hoje realizada. Sob a coordenação de A Gazeta Esportiva e o apoio de uma cadeia de jornais e emissoras de quase todos os estados brasileiros, foram reunidos em um mesmo certame 5.000 times de futebol, com 20 jogadores cada um. Somente em São Paulo participaram 1024, entre os da capital e os do interior. As equipes iam sendo eliminadas em jogos disputados ao longo de três meses, para chegarem a uma grande final, em São Paulo, com um público próprio de 25.000 espectadores. Se fosse possível reunir todos os jogadores, técnicos, massagistas e outros componentes do staff de um time, teríamos cento e cinco mil concorrentes, total que lotaria o Maracanã. No ano de 1980, a abertura do evento de São Paulo foi marcada por um desfile na avenida São João. Durante mais de duas horas passaram em frente às autoridades no palanque armado no Largo do Paissandu, jogadores de futebol, bandeiras, bandas, fanfarras, balizas e muitas outras atrações.

Um evento que simboliza o princípio da valorização do esporte de base foi a "Operação Juventude", uma parceria com a Yakult e a Colgate, que arregimentou 450.000 atletas, alunos de escolas de várias regiões do país para competir pela primeira vez em uma corrida, salto em extensão e arremesso de peso. Esta iniciativa gerou o aparecimento de uma grande safra de talentos para o atletismo brasileiro. Jovens de todo o país participavam de uma disputa local. Os vinte melhores de cada prova competiam em uma empolgante final nacional. Mell Watman, editor do "Sport Weekly", a publicação de atletismo mais acatada da Europa e da América, dedicou as páginas centrais de um número desta revista semanal para este evento brasileiro.

O Programa Ricardo Prado de Natação, que teve também o apoio de A Gazeta Esportiva como o seu principal veículo comunicador, alcançou um recorde mundial registrado pelo Guinness Book,

Em 1986 A Gazeta Esportiva foi o orgão de divulgação do Revezamento Gigante, que figura no "Guinness Book of Records".

ao realizar um revezamento gigante, a maior prova do mundo que colocava em um único páreo em piscina nada menos de 2100 nadadores. Tratava-se de um revezamento 50x50, isto é, cada um dos cinqüenta nadadores de uma equipe nadava o percurso de 50 metros. Para que todos pudessem competir simultaneamente, a piscina de 50 metros do Ibirapuera e o tanque de saltos foram balizadas lateralmente, obtendo-se com esta medida 42 balizas para abrigar 42 equipes.

É indescritível a emoção de um juiz de partida dando o tiro e vendo 42 corpos saltarem simultaneamente. Existe até hoje o certificado mundial desse maior revezamento do mundo.

Após estas mega promoções, a opção do jornal por outros valores interrompeu uma tradição iniciada em 1925 por Cásper Líbero com a Corrida de São Silvestre. Este fato pôs fim à interação com o leitor e foi agravado pela extinção das páginas de futebol varzeano e do noticiário interiorano.

A Gazeta Esportiva distanciou-se de seu público, interrompeu um relacionamento estreito de mais de meio século com seus leitores, aos quais só faltava terem sido tratados individualmente pelo nome.

Compreende-se agora as razões do fim de A Gazeta Esportiva. Após quase vinte anos sem os diferenciais que a caracterizaram, ela passou a ser um jornal igual aos outros, centrado unicamente no noticiário. Continuou sendo jornalisticamente bem feito, executado por bons profissionais. Mas, como as pessoas não são iguais, também os jornais precisam ter seu toque particular.

Concomitantemente a este fato, aconteciam o desemprego (resultante da política governamental) e as vicissitudes de nossa economia que levaram à perda dos classificados. Em 19 de novembro de 2001, o juiz do destino trilava o apito final de um jogo marcado por lances inesquecíveis.

PARTE III

O ONTEM E O HOJE

Capítulo XXXIV

O ONTEM E O HOJE

Quando nos aproximamos do final desta viagem entre o ontem e o hoje, é importante que se faça uma avaliação do período vivido, e se chegue a uma conclusão resultante da justaposição entre os primeiros momentos e o estágio em que o jornalismo se encontra nos dias da publicação deste livro.

Passaram seis décadas desde as primeiras experiências, que se iniciaram com a queda do Estado Novo e terminam com o nosso país lutando por uma vaga permanente no Conselho de Segurança da ONU. No terreno político, vivemos tentativas de luta armada, ditaduras militares, para nos consolidar como uma democracia estável. No terreno da cultura, multiplicamos o número de universidades e reduzimos o analfabetismo drasticamente.

Neste espaço de tempo não diminuiu a diferença entre as classes sociais, mas cresceu a classe média, responsável pela consciência nacional e, na economia, passamos da monocultura do café a uma produção diferenciada, com grande valor agregado e alta tecnologia, a ponto de exportar aviões sofisticados para o primeiro mundo.

No esporte, após uma presença paupérrima nos primeiros 50 anos de olimpismo, conquistamos nossas medalhas de ouro e, nos Jogos Olímpicos de Pequim (2008), poderemos até integrar o "Big Ten", isto é, estarmos entre os dez principais países do mundo. A série de títulos mundiais de futebol, basquete masculino e feminino, vôlei masculino e feminino, judô, natação e atletismo nos transformou de coadjuvantes em protagonistas no universo dos estádios.

No jornalismo em geral e especificamente no esportivo, é preciso avaliar com maior profundidade tópicos específicos desta evolução. É importante saber o quanto os primeiros momentos na nossa história nos proporcionaram ensinamentos que resistiram à transformação de meio século.

As modificações da área tecnológica são óbvias e a simples narrativa dos capítulos anteriores torna até folclórica a forma de como já se produziu um jornal. Houve uma transformação evidente. No lado ético, porém, a comparação entre a tradição e a modernidade deixa uma grande margem para uma imperiosa avaliação.

Procuraremos analisar estes aspectos, antecipando que eles correspondem a uma visão do moderno do ponto de vista do autor, obviamente de formação tradicional.

Não existe o propósito de impor uma filosofia, mas de mostrar os impactos favoráveis e desfavoráveis do hoje por quem teve sua história baseada nas experiências do ontem.

Capítulo XXXV

O HOJE MELHOR QUE O ONTEM

Afirmar que o jornalismo de outrora era melhor que o de hoje não tem o menor sentido. É preciso reconhecer que o saudosismo é um pouco cego. Ficar dizendo que a comida que a mãe da nossa mãe era muito melhor do que a preparada por nossa esposa ou filhas é geralmente injusto. Nem sempre se leva em consideração o apetite de um adolescente à mesa, sempre maior do que o de um adulto ou quando já somos chamados de "vô".

De outra parte, para dimensionar a evolução da imprensa em seis décadas, não é necessário retornar aos detalhes da influência do computador e de outras inovações tecnológicas no jornalismo. Neste sentido, devemos considerar que, após alguns anos do lançamento deste livro, as atuais modernidades já estarão caminhando para se tornarem obsoletas, para a velharia. Afinal, Bill Gates e seus concorrentes gastam bilhões para que as coisas não permaneçam como estão.

A verdade é que as linotipos de outrora já foram requisitadas para os museus da história da arte gráfica, e a computação já chegou ao mais humilde veículo de divulgação do interior do Piauí. Hoje não se datilografa uma lauda, digita-se. O uso da cor, o apoio à notícia pela utilização de gráficos e tabelas são novos recursos empregados amplamente, em contraste com a parcimônia de antigamente.

A programação gráfica tornou o jornal mais convidativo à leitura. A diagramação virou arte. O "correr a matéria" dos tempos pioneiros, isto é, paginá-la na rama, não seria compreensível ou mesmo possível em nenhum veículo da atualidade. Quem confronta um jornal de há meio século com um dos dias presentes nota esta diferença. Ela se torna muito maior se entrarmos no domínio das revistas. Hoje, cada uma destas publicações esmera-se no visual, numa concorrência que corre paralelamente à própria informação.

Entraram em cena nos últimos cinqüenta anos importantes revistas como a Veja, Isto é, Época, Caras e outras com circulação impensável no tempo em que Dutra estava deixando seu período presidencial. Nessa ocasião, certamente, não haveria leitores suficientes para todas elas.

O jornalismo, principalmente na área das revistas, segmentou-se com a impressão de edições voltadas para públicos específicos. Surgiram publicações destinadas à vida social (Caras), às novelas de T.V. (Amiga), economia (Exame), esportes (Placar) e, até publicações específicas para o público masculino (Playboy) ou homossexuais (declarados ou enrustidos). Neste coquetel, podem ser servidas ainda revistinhas de palavras cruzadas, guias de saúde ou divulgação agrícolas.

Uma banca de jornal de outrora era de uma pobreza espartana, se fosse comparada com a maioria das que hoje se exibem nas esquinas das cidades mais populosas. Profusamente iluminadas pelo neon que põe fim à escuridão, contempla-se uma multiplicidade de opções de títulos que incluem as melhores obras de literatura clássica ou o humilde almanaque. Cada banca hoje é um reduto da cultura, é um marco à imprensa.

Outra verdadeira revolução veio por meio das faculdades de jornalismo, que prepararam e conscientizaram o profissional para o exercício de sua atividade nas décadas mais recentes.

Quando a primeira escola do gênero foi fundada, há mais de meio século, ela não conseguiu sensibilizar a classe. Conseqüentemente, pouco interferiu nos destinos e na concepção da imprensa. A própria A Gazeta não aproveitava os alunos egressos da escola pioneira de jornalismo mantida pela Fundação Cásper

Líbero, que hoje é referência em todo o país. Havia a voz corrente que o jornalismo é "dom", é "vocação"; toca-se de ouvido e não por música. Nos anos anteriores a 1960, justificavam-se nos versos de Feitio de Oração, de Noel Rosa e Vadico:
"Batuque é um privilégio...
"O samba não se aprende no colégio".

As coisas, porém, mudaram. O jornalista diplomado conhece todos os detalhes de sua profissão e sabe a importância da ética de "ouvir os dois lados". Temos a impressão de que, em média, o profissional da atualidade escreve bem melhor do que o de outrora, embora ainda existam os "pena de ouro", os que não fazem do vernáculo o seu ponto forte.

Hoje, são inúmeras as escolas de jornalismo. A realidade acabou por demonstrar o quanto elas são necessárias para o amadurecimento da profissão e quão retrógrados eram aqueles que rejeitavam a sua implantação .

Outro dia, caiu em nossas mãos um trabalho de encerramento do curso de dois alunos da Faculdade Cásper Líbero sobre as torcidas uniformizadas: uma análise séria a respeito do comportamento destes agrupamentos humanos, uma verdadeira contribuição ao estudo da psicologia social.

Com o advento da informática, os dados de arquivo e os elementos à disposição de um comunicador tornaram-se amplos e abundantes. Metade de uma pesquisa que se faça necessária chega pela internet. Ela já está nas mãos de quem vai redigir a notícia no simples clicar de uma tecla. Um levantamento de informes para uma reportagem há cinqüenta anos era penoso e, reconheçamos, muitos jornalistas mais comodistas, nem sempre estavam dispostos a tirar o bumbum da cadeira, evitavam qualquer esforço para ir às fontes.

O hoje, quanto a este aspecto, está muito melhor do que o ontem.

Capítulo **XXXVI**

DERRUBANDO A BASTILHA DE PRIVILÉGIO

Ao lado de um aprimoramento tecnológico e de um aumento considerável de leitores é preciso ser mencionado aqui o poder de opinião dos veículos da atualidade, sejam eles jornais diários, sejam as revistas semanais, algumas delas caminhando para a tiragem de um milhão de exemplares. O jornalismo eletrônico também tem enorme participação na comunicação, graças a sua influência na imensa transformação da realidade social. Este fato ocorria em menor grau nas décadas que sucederam a II Guerra Mundial.

Casos de corrupção e outras falcatruas administrativas que, infelizmente, sempre existiram em nossa história, já não contam mais com a cortina do anonimato. Desenvolveu-se recentemente o jornalismo investigativo, colocando a descoberto políticos, empresários e outras figuras que se têm desviado dos padrões eticamente admitidos pela nossa sociedade. Embora seja ainda grande o índice destes desvios em nosso país, ele teria sido ainda maior não fosse a vigilância da imprensa. Uma vez um deputado, que naturalmente estava sendo investigado, declarou que depois da ditadura militar surgiu a ditadura da imprensa. Bendita ditadura que, ao que parece, não está tornando fácil a corrupção. Este é outro aspecto positivo do jornalismo da atualidade, pois há mais de 50 anos os órgãos de comunicação não possuíam toda esta força. Este fato ocorreu provavelmente porque o número de escolas aumentou e a ignorância diminuiu.

O poder da imprensa e, conseqüentemente, da opinião pública, obrigou o poder legislativo, já no terceiro milênio, a abrir mão de uma série de privilégios, reduzindo, inclusive, o recesso parlamentar de 90 para 55 dias. A pressão da imprensa acabou por remover de seu cargo por corrupção o presidente de uma Câmara dos Deputados, o terceiro posto na hierarquia da União. A Bastilha dos Privilégios começa a ruir.

É verdade que tamanho poder exige a contrapartida de uma atuação por parte dos órgãos de comunicação, distantes de interesses escusos ou partidários. Exige uma ética exemplar, cuja ausência iria destruir um dos principais arcabouços da estrutura social. O jornalista Carlos Joel Nelli, falando desta temática dentro da área do esporte, dizia: *"O jornalista deve ser como o técnico do laboratório, pode fazer até exame de fezes, mas com o avental imaculadamente alvo"*.

Capítulo XXXVII

O PRECONCEITO CONTRA A BOA NOTÍCIA

Como recomenda o jornalismo moderno, nesta altura, é importante também ouvir o outro lado, isto é, registrar onde o jornalismo atual possivelmente não tenha acompanhado o espírito com que se publicava a notícia de outrora.

Para analisar esta questão, entramos em um terreno difícil, em que a subjetividade sempre predomina na interpretação e a diferença entre o normal e o reprovável não está no gênero, mas no grau do comportamento de uma redação diante da notícia.

Nossa discordância do jornalista da atualidade origina-se da orientação pouco construtiva dos profissionais de imprensa. A radicalização do jornalismo investigativo, avaliado favoravelmente no capítulo anterior, levou esta tendência a um verdadeiro exagero, a ponto de reduzir ou, mesmo, abolir qualquer avaliação positiva de fatos ou da administração oficial ou privada. Um jornalista (que mais tarde tornou-se chefe do serviço de imprensa do Governo Federal) chegou a ponto de dizer que *"toda a notícia tem de ser uma crítica, o resto é press release!"*.

Este preconceito contra a boa notícia difundiu-se de tal maneira que contaminou o próprio leitor. A cada dia é maior o número de ouvintes, telespectadores ou assinantes de jornais que engrossam a voz de desaprovação a tudo o que se faça.

Ganham terreno os arautos do escândalo e do negativismo, para os quais quanto pior for o fato, melhor será a notícia.

Esta triste atitude, infelizmente, deflagra uma desenfreada corrida em busca de tudo o que possa ser ruim, danoso, escandaloso, e coloca em evidência não somente o fato denunciado. Existe também a meta de autopromoção do profissional denunciante. Este acotovelar-se para conseguir o mais tenebroso leva, na ausência de situações concretas, à necessidade de se criar problemas inexistentes para alimentar a fornalha da inquietude. Nesta procura imaginosa, atropelam-se, muitas vezes, o equilíbrio, o bom senso, a correção e a justiça.

Deixemos bem claro que, com estas palavras, ninguém está defendendo um jornalismo omisso, cego, surdo e mudo, contemplativo das mazelas e participante da corrupção. Ao contrário, como foi visto no capítulo anterior, aplaudimos de pé o jornalismo denúncia, quando fundamentado de forma responsável em fatos; o jornalismo crítico, quando apresenta as soluções como conclusão e até o jornalismo investigativo.

Esta diferença é bastante mais chocante para o autor, originário de A Gazeta Esportiva, e para o grupo que sofreu em sua formação grande influência de Carlos Joel Nelli. Este jornalista, em seu idealismo trasbordante, estabeleceu o lema que se transformou em norma de conduta: "Nós trabalhamos pelo esporte do Brasil". Um verdadeiro dogma ético.

É necessário que se diga, a bem da verdade, que A Gazeta Esportiva não tinha a patente exclusiva desta atitude construtiva. Ela era partilhada pela maioria da imprensa esportiva da época.

É uma pena que hoje esta bandeira empunhada por Nelli seja abjurada por uma camada de profissionais que segue a trilha do negativismo, omitindo o fato auspicioso.

Um jornalista pode exercer a importante missão construtiva se utilizar com equilíbrio a função de crítico que a profissão lhe confere. Sua ação será sempre benéfica. Neste particular, as ditaduras são odiosas justamente por reprimir a liberdade de opinião e, conseqüentemente, castrar esta função moralizadora que a imprensa deve exercer.

Existe, todavia, um oceano de diferenças, inclusive no esporte, entre esta atribuição democrática e a atitude extremada que transforma a tribuna da comunicação, representada por seus próprios veículos, em plataforma para ingressar no terreno da autopromoção de cada profissional pelo escândalo, pela luta titânica para encontrar um pêlo no ovo. Os jornais deixam de ser uma fonte de idéias e sugestões, uma bússola para o bom caminho, para transformar-se em causa de preocupações, razão de tormento e tensão entre os que são objeto de notícia.

A volúpia de crítica leva a vaiar, zombar da equipe, paradoxalmente, até quando o time está ganhando.

Este ambiente de permanente insatisfação também é um forte condimento para a própria violência, hoje incomparavelmente maior do que aquela observada há 50 anos.

Para muitos espectadores, nos dias presentes, a disputa de um jogo de futebol é apenas um subproduto. A motivação principal da ida ao estádio é extravasar uma violência reprimida durante a semana e alimentada por sete dias de notícias negativas. Prosseguindo na área do esporte, conclui-se que, dentro deste clima, nenhum técnico pode permanecer em um time mais do que dois insucessos seguidos. Notícia pessimista gera também intolerância.

A atmosfera criada pela avidez da crítica é tão grande que provoca a conseqüente desestabilização da autoconfiança da própria seleção nacional. Diga-se de passagem que é muito fácil treinar e escalar a representação de um país para os jogos internacionais. O difícil mesmo é ter paciência e equilíbrio psicológico para suportar essa pressão da crônica, sedenta de autopromoção. Ouvimos, certa vez, um comentarista dizendo que, como técnico, aquele profissional seria o ideal. Não o recomendava porém para a seleção brasileira pelo fato de ele não ter "cintura" para esquivar-se do assédio da crônica esportiva.

Acreditamos que já é hora de voltarmos ao equilíbrio e louvar a boa jogada, aprovar o acerto e cultivar um sentimento que para alguns começa aparecer estranho: o patriotismo. Já é hora de sentir novamente um nó na garganta quando sobe a nossa bandeira numa vitória no exterior, ou de cantar, boca prá fora, o hino nacional.

Já é hora também de dizer *"muito bem"* sem acanhamento.

Capítulo **XXXVIII**

PARA VOCÊS, NUNCA NASCE UMA FLOR?

Como vimos, uma atitude negativista extremada prejudica o esporte, abrindo as portas para uma série de conseqüências desastrosas nesse segmento.

As conseqüências deste posicionamento são ainda muito mais funestas quando ultrapassamos o espaço da atividade esportiva, passando para o universo geral.

A constância da má notícia acaba por contaminar o ambiente, corroendo o entusiasmo e qualquer plano de empreendimento futuro. Pessimismo é esterilização quando se manifesta na área da política, da sociedade e da economia. Quando atinge o empresário, por exemplo, desestimula novas iniciativas, diminui a produção, joga no chão a economia do país, reduz o número de empregos, gera miséria e mal estar social.

A cada plano governamental, a cada alteração cambial bem sucedida, seguem-se interpretações soturnas de muitos "analistas", chamadas por Joelmir Beting, com sua verve, de jornalismo "coisa preta". Quando tudo está ótimo e os índices econômicos apresentados são de "estufar o peito", o texto sempre recebe a "pitada" de maldade: "*Está tudo bem, <u>mas</u> devemos ficar atentos ao perigo de...*" e entra um desfile de perspectivas sombrias. Quem conseguiu sucesso, nos comentários destes analistas, pode ganhar, mas nunca leva. Sempre vem o chute. Para eles, aplaudir dá câncer.

Como no caso citado da equipe de futebol, a figura do técnico vilipendiado é substituída pela do presidente, dos ministros, empresários ou qualquer outra personalidade que tenha responsabilidade executiva.

Elogiar um fato, aplaudir uma atitude em que o governo tenha acertado, tudo é visto pelo jornalismo radical como uma semi-prostituição. Com insinuações malévolas começam a chamar de "chapa branca" quem se atrever a louvar um feito. A suposição de interesses escusos embutidos naquele elogio espalha-se quase que de imediato. Rezar fora da cartilha, da crítica, para muitos, corresponde a uma condenação, à rejeição.

É verdade que esta volúpia de condenar líderes de destaque é sensivelmente arrefecida quando existe uma identidade político-ideológica entre os jornalistas. O permanente desejo de procurar o pêlo no ovo desaparece como por encanto quando se trata de um alinhamento.

Mais uma vez, e mais do que nunca, cabe aqui repetir que a virtude está no meio e a diferença entre o normal e o patológico existe não em gênero, mas em grau. O jornalismo investigativo já cassou um político que meses antes presidia o Congresso Nacional, obrigou à renúncia o candidato mais famoso do país, colocou juízes do trabalho atrás das grades e é responsável pela redução do índice de corrupção no Brasil, mas o negativo está algemando o progresso do país e estimulando uma emigração de nossa população, fato que não ocorria, quando, em 1958, ganhávamos o nosso 1º Campeonato Mundial de Futebol. Contou-nos um amigo que uma vez João José Saad, da TV Bandeirantes, provavelmente como nós, revoltado contra o negativismo, em uma reunião, voltou-se para um grupo de jornalistas e perguntou:

– Para vocês, nunca nasce uma flor?

Capítulo XXIX

OS "CHAPA PRETA"

A rejeição endêmica ao otimismo chega até à escolha do conteúdo da notícia. O preenchimento de qualquer espaço para a divulgação, ou em veículos de mídia impressa, ou nos eletrônicos, obedece ao lastimável critério que o progresso e a evolução de nosso país não merecem lugar na página se, em contrapartida, houver disponível uma notícia sobre uma falcatrua, uma declaração mal intencionada de um político contra outro, ou uma interpretação malévola de uma medida governamental.

Há não muito tempo, houve no Paraná a inauguração de uma ponte que encurtava centenas de quilômetros no transporte de pessoas e da safra agrícola. Um passo enorme para a redução do famigerado "custo Brasil" contra o qual todos se voltam. Este assunto não mereceu nenhum destaque. Órgãos administrativos precisaram recorrer à matéria paga para que um mínimo de leitores de outras paragens viesse a tomar conhecimento de tão grande melhoria. Nos mesmos dias, grande parte da disponibilidade do espaço da comunicação era encaminhada para registrar o alvoroço causado por dezenas de baderneiros profissionais, que por razões cada vez mais fúteis, mas claramente políticas e eleitorais, tentavam agitar a região.

Igualmente, por qualquer motivo de pouca importância, o trânsito da Avenida Paulista é interrompido, não permitindo que ambulâncias se dirijam aos hospitais da região, que pessoas cheguem ao destino para cuidar de assuntos sérios ligados ao progresso do país, agredindo o mais primitivo direito de ir e vir.

Isto ocorre com freqüência porque este tipo de imprensa dá grande cobertura, um espaço precioso de divulgação para minúsculas questões. O entrevistado é sempre o arruaceiro e nunca a vítima do pandemônio. Se algum transeunte for atingido por uma bala perdida, geralmente o disparo é atribuído à polícia e poucas vezes ao bandido ou ao litigante.

A inversão completa de valores passou a convencionar que a duplicação de pistas de uma estrada ou a pavimentação de outras não é mais tema de noticiário. Isto vale também para inauguração de escolas, de hospitais, ampliação de cursos e recordes de produção agrícola.

Qualquer pessoa que tenha vivido um pouco mais de meio século tem um descortino para comparar o quanto melhoramos em número de estabelecimentos de ensino, de estudantes em todos os graus e níveis, sem que quase nada tivesse sido divulgado.

As estatísticas desfavoráveis sobre a distribuição de renda do país, sobre a fome e a miséria em alguns bolsões ganham lentes de aumento, às vezes de um telescópio lunar. As estatísticas favoráveis, que mostram uma grande evolução na produção agro-industrial, vão ser minimizadas. É matéria sem interesse.

O "déficit" comercial é tema de mesas redondas, O saldo comercial, embora positivo, jamais iria para a pauta de determinados especialistas em abaixar o astral do espectador ou do leitor. Existe a idéia generalizada de que quem aplaude é "chapa branca", está na gaveta de algum empresário ou órgão do governo.

Será que não há também interesses em querer omitir o positivo, a favor de uma ideologia, o trabalho que se realiza para melhorar o nosso país? Não seriam eles os "chapa preta"?

Capítulo XL

O LAMENTÁVEL COMPROMISSO COM O "MARKETING"

Uma entidade não governamental de caráter mundial, o Panathlon Internacional, realizou em outubro de 2001, comemorando o seu cinqüentenário, uma ampla programação na cidade de Veneza, onde esta instituição nasceu.

Das iniciativas efetuadas nessa ocasião constava um seminário sobre mídia e o esporte, do qual participavam os principais representantes dos mais conhecidos veículos de comunicação da área européia e, especificamente, da Itália. Estavam presentes a Gazzetta dello Sport, o Tutto Sport e o Corriere dello Sport, além dos canais de televisão da RAI – 1 e a Eurosport.

Nós comparecemos a esse evento não como jornalista, mas na qualidade de delegado do Panathlon Internacional, um movimento voltado para defesa dos valores éticos e da memória do esporte.

Impressionou e causou estupefação em um público conservador e idealista a palestra de Franco Artuzzi, importante dirigente da Gazzetta dello Sport, esclarecendo que a imprensa não interfere no fato. Vai a reboque dele. O maior ou menor destaque a ser dado a um acontecimento é reflexo de uma pesquisa, de um interesse de "marketing". A sobrevivência de um veículo depende de este seguir a onda dos temas preferenciais, sem nenhuma participação na realidade esportiva ou de caráter educativo.

Sua apresentação nos lembrou de imediato uma famosa (e constante) declaração de um dirigente com conduta de valores discutíveis, Eurico Miranda, quando dizia: *"eu não sou deputado do povo brasileiro, sou representante do Vasco da Gama na Câmara Federal; não tenho nenhum compromisso com a educação, com a juventude ou com o esporte, apenas com o meu clube*".

Não se pretende, nesta altura, transformar cada jornalista em um sacerdote, em um professor de virtudes, em um arquiteto de uma estrutura social pura e exemplar, atribuindo a ele a posição de um pastor ideológico, mas concordar com o inverso também é perverso.

Desligar um jornal de qualquer responsabilidade social e do dever de mostrar o que é certo desemboca em resultados funestos. Esta posição contribui para a degradação moral dos costumes, cujos sintomas começam a se propagar inexoravelmente na nossa sociedade, incluindo-se neste particular a área vinculada ao esporte.

O tilintar de um punhado de dólares não pode ser o critério único e exclusivo para se dar maior ênfase ou espaço a uma notícia. Esta bússola vinculada ao cifrão não pode determinar o conteúdo de veículos de comunicação, mesmo que ela possa interferir em índices de circulação.

A exposição feita por Franco Artuzzi ignorou todo o compromisso para com uma geração que o vai suceder. Somente vale desfrutar o momento, sem pensar na sociedade futura. É como um predador de valores que, a exemplo dos destruidores da natureza, termina com as árvores, com as florestas, com as reservas técnicas, semeando desertos, secando rios. Neste caso, os rios e os desertos são o fair play, o respeito ao próximo, a dignidade nos estádios.

O microfone e o computador da redação são hoje instrumentos que transmitem valores. Se utilizados com consciência, dar-se-á mais um passo para sermos reconhecidos como nação digna. Com uma escala de valores voltada para a correção, evitaremos que um presidente se refira novamente a nós, usando aquela frase tristemente dura de De Gaulle:

– "Este não é um país sério"!